KARIS – A HISTÓRIA DE UMA MÃE E A LUTA DE SUA FILHA

DÉBORA KORNFIELD

KARIS – A HISTÓRIA DE UMA MÃE E A LUTA DE SUA FILHA

Traduzido por SUSANA KLASSEN

Copyright © 2009 por Debora Kornfield
Publicado originalmente por Editora Mundo Cristão

Editora responsável: Silvia Justino
Supervisão editorial: Ester Tarrone
Assistente editorial: Miriam de Assis
Preparação: Rosângela Ducati
Revisão: Polyana Lima
Coordenação de produção: Lilian Melo
Colaboração: Pâmela Moura

Os textos das referências bíblicas foram extraídos da *Nova Versão Internacional* (NVI), Sociedade Bíblica Internacional, salvo indicação específica.

Todos os direitos reservados e protegidos pela Lei 9.610, de 19/2/1998.
É expressamente proibida a reprodução total ou parcial deste livro, por quaisquer meios (eletrônicos, mecânicos, fotográficos, gravação e outros), sem prévia autorização, por escrito, da editora.

Dados Internacionais de Catalogação na Publicação (CIP)
(Câmara Brasileira do Livro, SP, Brasil)

Kornfield, Debra
    Karis - A história de uma mãe e a luta de sua filha / Debora Kornfield;
traduzido por Susana Klassen — São Paulo:
Mundo Cristão, 2009.

    Título original: Worshiping God in the Desert.
    ISBN 978-85-7325-555-3

    1. Kornfield, Debora 2. Kornfield, Karis
3. Sofrimento — Aspectos religiosos — Cristianismo
I. Título

08-11017   CDD-248.86092

Índice para catálogo sistemático:
1. Doentes: Guias de vida cristã: Religião:
   Relato biográfico 248.86092
Categoria: Inspiração

Publicado no Brasil com todos os direitos reservados por:
Editora Mundo Cristão
Rua Antônio Carlos Tacconi, 79, São Paulo, SP, Brasil — CEP 04810-020
Telefone: (11) 2127-4147
Home page: www.mundocristao.com.br

1ª edição: março de 2009

SUMÁRIO

Palavra da autora 6

Um desafio de Êxodo 12

O nascimento 18

Parteiras tementes a Deus 26

A sarça em chamas 32

Sinais 36

Tijolos sem palha 40

A travessia do mar 50

Pausa para histórias sobre as crianças e a vida em família 54

O maná e as codornizes 70

Mara e Elim 78

Água jorra da rocha 86

Pausa para uma história de Natal 94

Um povo de dura cerviz 100

A derrota dos amalequitas 108

O conselho de Jetro 118

Pausa para uma história de Natal de verdade 126

Reparação pelos erros 134

Um anjo de Deus para preparar o caminho 138

Confirmação da aliança 146

O altar de holocausto 162

Bezalel e Aoliabe 170

Pausa para outra história de avião 178

Pausa para reflexões de Valerie 190

O tabernáculo 200

A glória do Senhor 208

Palavra da autora

Nossa família não tem caminhado sozinha. Ao longo de todas as fases da vida de Karis, muitos vêm compartilhando generosamente conosco seu amor, suas orações, seu apoio prático, sua fé e sua companhia. Em Wheaton e Port Huron, e depois no Brasil, em South Bend e em Pittsburgh, recebemos apoio, exortação e consolo de pessoas que nos cercaram com seu carinho. Desde os primeiros dias da vida de Karis, membros de nossa família mais ampla colocaram os próprios interesses de lado para cuidar dos nossos em momentos de necessidade.

Este livro não é apenas a história de David e Debbie Kornfield e seus filhos. Todos os que oraram, choraram ou riram conosco, questionaram os propósitos de Deus ou se alegraram conosco por suas intervenções fazem parte desta narrativa.

Infelizmente, para manter o relato fluente e legível, não pudemos incluir o nome de todos vocês. Mas cada um sabe onde seu nome *deveria* aparecer. Temos uma imensa dívida de gratidão para com todos. Amamos vocês e apreciamos profundamente tudo o que têm nos oferecido, por vezes com sacrifício.

Tenho certeza de que só quando chegarmos ao céu entenderemos o papel que nossas orações desempenharam nesta história. Hoje cedo, quando David e eu estávamos saindo da igreja em São Paulo, um senhor que não víamos havia muitos anos veio nos cumprimentar. Contou que tem orado com freqüência por nossa Karis, pois o mesmo Deus que restaurou a vida e a família dele também pode restaurar nossa filha completamente. Afirmou que saberá que Deus ouviu suas orações quando vir Karis adentrar a igreja em São Paulo para adorar ao Senhor sem nenhum impedimento físico.

Como entender ou explicar tamanho mistério? Como pode uma única vida tocar de modo tão profundo tantas pessoas ao redor do mundo e incitá-las a orar com tamanho fervor? Os caminhos de Deus são verdadeiramente misteriosos.

Eis o motivo pelo qual precisamos contar esta história, *nossa* história: Deus ouviu suas orações e as respondeu. Por vezes a resposta foi discreta, quase imperceptível; em outras ocasiões, foi dramática. As Escrituras nos instruem a observar, a lembrar outros e a relatar-lhes o que Deus realiza. Aprendemos muito sobre a humildade quando o Criador do universo se preocupa conosco. Não desanime! Arrisque-se a contar ao Senhor a sua história, a expressar suas preocupações, seus problemas e suas alegrias. Ele se importa conosco mesmo quando somos absolutamente incapazes de retribuir de algum modo. Esse é o significado da palavra "graça".

Por fim, apesar de ser *nossa* história, este livro é, mais especificamente, *minha* história como mãe de Karis e o impacto desse papel em minha vida e meu relacionamento com Deus. Não é a história de Karis. Ela relataria os acontecimentos de sua vida de forma diferente, e talvez o faça algum dia. Nestas páginas, você encontrará um retrato parcial de Karis. Quem a conhece pessoalmente talvez se decepcione ao ver aqui apenas um esboço de uma personalidade extremamente rica. Seus amigos sabem que ela nunca se permitiu ser "vítima" das limitações físicas e que, quando tem forças, está pronta a explorar o mundo lá fora e participar de todas as aventuras que a vida pode lhe proporcionar.

Como personagem, é possível que Karis lhe pareça um tanto "sem sal" e passiva, exatamente o oposto de sua personalidade na vida real! Trata-se, contudo, de algo proposital. Em primeiro lugar e acima de tudo, é meu desejo protegê-la e possibilitar que leve a vida sem ficar presa à imagem ou ao perfil traçado em um livro. Não tem sido fácil para ela viver num "aquário" cercado de pessoas do mundo inteiro que acompanham os boletins médicos em seu site <www.mundocristao.com.br/karis>. A permissão para que este livro seja publicado é mais uma invasão de sua privacidade e sua autonomia.

É evidente que não há como fazer caber em apenas um livro todas as experiências de 24 anos de vida. Muitas aventuras de Karis ficaram de fora desta narrativa: suas visitas à Guatemala, à Argentina e ao Chile, suas viagens à Europa, a importância da dança e da poesia em sua vida, a mão queimada e o braço quebrado, suas pinturas de aves do Pantanal, seu aquário, as pessoas com que se encontrou, a viagem pelo rio Solimões e tantas outras coisas... Sua vida até aqui tem sido tão rica que o enfoque sobre as dificuldades físicas provoca uma distorção inevitável de sua verdadeira identidade.

Em segundo lugar, posso falar e escrever com mais precisão apenas sobre os acontecimentos de minha própria vida. Tudo o que digo acerca dos sentimentos, das motivações ou das metas de Karis são apenas informações de segunda mão. Apesar de ter recebido seu generoso apoio para levar este projeto adiante, assumo total responsabilidade por quaisquer representações equivocadas de sua pessoa e personalidade. Ao ler este relato, você descobrirá algumas coisas sobre Karis, mas não chegará a conhecê-la de fato. Pode-se dizer o mesmo dos outros membros de nossa família: David, Dan, Rachel e Valerie, nos quais este livro provoca sentimentos conflitantes.

Em terceiro lugar, meu grande desejo ao escrever estas páginas é ressaltar a presença de Deus conosco, comigo e, desse modo, crescer em seu conhecimento ao refletir com atenção sobre os acontecimentos e a ação de Deus ao longo dos anos. O objetivo deste relato é honrar e adorar a Deus e dar testemunho daquilo que ele tem feito por mim. Se a história que vou lhe contar levá-lo a confiar em Deus e adorá-lo dentro de sua própria história, o esforço necessário para tal terá valido a pena.

Muitas pessoas observaram que deve ter sido difícil registrar este relato. É verdade. Tive de trazer à tona e reviver algumas experiências bastante dolorosas. Paradoxalmente, também é verdade que, se persistirmos e trilharmos o caminho da dor até o fim, chegaremos a um lugar de alegria. Todos nós fomos criados para a alegria. *Você* foi criado para a alegria. Coloque toda a sua dor aos pés da cruz. Ofereça-a, por mais confusa que seja, ao Homem de Dores. Ele conhece a tristeza muito bem por experiência própria, mas não ficou preso a ela. Somente ele sabe como transformar a tristeza em alegria de forma extraordinária.

O último aspecto que eu gostaria de comentar é a metáfora que tomei emprestada das Escrituras: o povo de Israel no deserto. Quem conhece a narrativa do livro de Êxodo entenderá melhor cada um dos capítulos deste livro, cujos títulos são inspirados em seções desse texto bíblico. Os leitores mais investigativos podem comparar o conteúdo de Êxodo com o de meu relato e identificar o motivo da escolha desses nomes para os capítulos.

Os títulos foram extraídos de Êxodo, e não de Levítico, Números ou Deuteronômio, por uma razão específica. É verdade que a história dos israelitas no deserto continua depois do ano em que permaneceram acampados junto ao monte Sinai. Números 14, porém, fala da rebelião "definitiva" de Israel que os condenou a vagar por mais 38 anos no deserto, não como provação, mas como castigo. Até aqui, apesar dos altos e baixos, em termos gerais os israelitas haviam seguido o "plano A" de Deus. Em Números 14, uma geração inteira é informada de que não poderá entrar na terra prometida.

Quero crer que, pela graça de Deus e pelas orações de pessoas como você, nossa família ainda está em Êxodo, antes de Números 14, seguindo os propósitos de Deus para nós. Nesse caso, o maior desafio talvez esteja adiante de nós. Não somos ingênuos a ponto de pensar que jamais nos rebelaríamos. Este é apenas o começo da história; ainda não sabemos como terminará. Caso você se lembre de nós, ore para que coloquemos em prática as lições aprendidas até agora, confiemos em Deus, lhe obedeçamos e evitemos a experiência no deserto depois de Números 14.

Com profunda gratidão a Deus, a Karis, a minha família e a você,

Debbie

Um desafio de Êxodo

As autoridades de Israel o atenderão. Depois você irá com elas ao rei do Egito e lhe dirá: O S<small>ENHOR</small>, o Deus dos hebreus, veio ao nosso encontro. Agora, deixe-nos fazer uma caminhada de três dias, adentrando o deserto, para oferecermos sacrifícios ao S<small>ENHOR</small>, o nosso Deus.

Êxodo 3:18

Quando o Senhor deu essa instrução a Moisés na sarça ardente, será que sua intenção era enganar o faraó e fazê-lo pensar que os israelitas só queriam um feriado religioso? Em outros tempos, minha resposta seria "sim". Percebi, porém, que essa instrução, repetida várias vezes nos próximos capítulos de Êxodo, é muito mais profunda do que pode parecer à primeira vista. A viagem de três dias ao interior do deserto para adorar a Deus ocupa o cerne do desejo divino de se relacionar com seu povo. Deus *anseia* que confiemos nele e o busquemos com convicção quando não vemos nenhuma solução para nossos problemas. A qualidade do relacionamento que ele deseja ter conosco se reflete no carinho de palavras como estas: "De fato tenho visto a opressão sobre o meu povo no Egito, tenho escutado o seu clamor, por causa dos seus feitores, e sei quanto eles estão sofrendo. Por isso desci para livrá-los" (Êx 3:7-8).

O que acontece, porém, quando andamos por três dias no deserto? Primeiro, esgotamos todos os nossos recursos. Não temos como carregar água para uma jornada muito mais longa do que essa. Começa a insinuar-se aqui um elemento de perigo, especialmente quando andamos, andamos e andamos sem sinal de água potável. Ficamos cansados, sedentos, sujos e suados. Sentimos o sol queimar nossa pele e as sandálias fazerem bolhas em nossos pés. Começamos a pensar que não levamos jeito para a vida ao ar livre. Sentimos saudade de nossa cama. Os presentes que recebemos quando partimos começam a pesar. De repente, não parece má idéia jogar fora tudo o que não podemos comer ou beber só para não precisar carregar mais um fardo.

A jornada que começa agradável, especialmente se saímos de uma situação terrível e vimos Deus fazer coisas espetaculares, aos poucos se torna tediosa e um tanto ameaçadora. A princípio, o deserto parece conter atrativos e belezas peculiares. Depois que vimos as flores e os animais da região aqui e ali e observamos o jogo de luz e sombra na areia, nada mais se afigura novo ou fascinante. A emoção de fugir de uma situação insuportável e a expectativa de vida e circunstâncias novas perdem o brilho e, passados os dois primeiros dias, ninguém mais tem vontade de cantar as vitórias do povo a plenos pulmões. Três dias! Agora queremos apenas alcançar nosso destino, descansar, mergulhar os pés na água e esperar enquanto alguém prepara uma refeição para nós.

Porém, e se chegarmos a nosso destino e não encontrarmos nada? Nada além de mais areia, mais sol escaldante, mais frio intenso quando o sol se põe? E se, ao fim de três dias, nem nos lembrarmos mais do motivo da jornada, do grande culto de adoração que pareceu tão atraente enquanto Deus separou as águas do mar e afogou o exército inimigo? O que fazer então?

O livro bíblico de Êxodo relata alguns acontecimentos ocorridos quando os israelitas chegaram ao fim de suas forças e seus recursos. Quem cresceu ouvindo essas histórias pode ter aprendido a desprezar o povo de Israel e considerá-lo um bando de murmuradores inconstantes e fracos.

Será que você já esteve numa situação semelhante à deles? É provável que nunca tenha atravessado um deserto literal, mas e quanto a circunstâncias que consumiram toda a sua força, sua convicção e seus recursos físicos, emocionais e espirituais? Percebeu que coisas terríveis estavam acontecendo e nada poderia impedi-las? Viu membros de sua família sofrerem e sentiu-se impotente?

É bem provável que muitos dos murmuradores no meio dos israelitas simplesmente não pudessem suportar a visão de seus filhos desesperados de sede e sem nenhum sinal de água.

Por que Deus colocaria os israelitas, ou você, ou eu, numa situação dessas? E como poderia esperar que o adorássemos em meio às circunstâncias? O que acontece quando o adoramos ou deixamos de adorá-lo?

Como você verá neste livro, tenho lutado com essas perguntas há muito tempo. Quando a vida nos pega de surpresa, a busca pelas respostas deixa de ser teórica. Torna-se urgente e extremamente pessoal, uma questão de sobrevivência.

Ao meditar sobre a história dos israelitas no deserto, lembrei-me de outro relato de uma jornada de três dias que também foi realizada em obediência a Deus e terminou em adoração. Deus ordenou a Abraão que fosse ao monte Moriá, construísse ali um altar e sobre ele sacrificasse seu único filho. A obediência de Abraão a essa estranha instrução e a providência divina concedida ao patriarca lhe garantiram um lugar singular na galeria da fé em Hebreus 11. De acordo com o autor de Hebreus, Abraão creu que, para cumprir suas promessas, Deus poderia até ressuscitar Isaque dentre os mortos.

A impressionante cena ocorrida cerca de dois mil anos antes de Jesus nascer aponta para o tempo e o lugar na história em que o próprio Deus sacrificaria seu único Filho. Convém lembrar que, muitos anos depois, o monte Moriá foi incorporado a Jerusalém, a cidade onde Jesus morreu.

Em sua jornada agonizante, que também durou três dias, Jesus não foi poupado e prosseguiu até o fim. Mas a história não termina com sua morte, pois, conforme o padrão das outras jornadas, algo extraordinário aconteceu no terceiro dia, o dia reservado para a adoração.

Deus não requer de nós nada que ele próprio não tenha experimentado. Sabe o que se passa dentro de nós. Entende nossa confusão, tristeza, raiva e nossa dor e sente-as conosco, pois as vivenciou aqui na terra. Não há consolo mais verdadeiro do que esse de quando as situações da vida parecem insuportáveis. Mas o cerne da história, seu ponto culminante, o acontecimento supremo para o qual todos os acontecimentos apontam, o motivo pelo qual podemos ter esperança, a âncora de nossa esperança quando chegamos ao fim da linha, é o que ocorreu com Jesus no terceiro dia. *Essa* é a história no centro do universo que dá sentido à instrução para adorar no terceiro dia de jornada no deserto.

A esta altura, talvez você esteja pensando:

Então esse é o desafio? Devo lhe avisar logo que é difícil demais para mim, e suas palavras bonitas me irritam profundamente. Não sou melhor do que o povo de Israel ou diferente dele.

Será que Deus sabe mesmo como as coisas são difíceis? Sabe como estou cansado? Quanto dói ver o sofrimento de pessoas amadas? Quanto esse deserto parece interminável e sem sentido? Onde Deus está quando a dor parece insuportável? Será que ele existe? Será que se importa? É, de fato, um Deus poderoso e soberano? Se é, como pode permitir que essas coisas aconteçam?

Deus sente algum tipo de prazer em brincar comigo, causar dor, atirar-me de um lado para o outro, ver quanto peso eu sou capaz de carregar antes de desabar? Não sabe que preciso desesperadamente de água, alimento, sono e alívio? Faz idéia de como é difícil ser desarraigado, separado da família e da comunidade só para ver crianças inocentes sofrerem e até morrerem?

Entende o suplício dos pesadelos, a agonia do desconhecido, a vulnerabilidade impotente causada por sonhos despedaçados, limites violados e injustiças de todos os lados que trespassam o coração?

Eu compreendo você, pois luto com essas mesmas perguntas.

O NASCIMENTO
Maio, 1983

Karis nasceu em nossa casa em Wheaton, Illinois, em 5 de maio, numa agradável noite de quinta-feira. Havíamos decidido que o parto seria em casa mesmo e, portanto, não tivemos de correr para o hospital quando as dores começaram. Em vez disso, sentei-me na arquibancada do estádio da Universidade de Wheaton e me concentrei nos exercícios de respiração enquanto David fazia sua corrida diária na pista ao redor do campo. O parto foi tranqüilo e sem complicações. A obstetra sentou-se no sofá junto com nosso filho Danny, que, na época, estava com quase 2 anos, e leu histórias para ele enquanto David e a parteira me ajudavam a trazer Karis ao mundo. Ela era encantadora e parecia absolutamente saudável.

Às 20h30, Danny já estava sentado na cadeira de balanço segurando sua nova e linda irmãzinha.

Guardo com carinho essa memória serena: a calmaria antes da tempestade que nos pegou de surpresa.

Sexta foi um dia repleto de emoções. Começamos a conhecer o novo membro da família sem os incômodos que teríamos num hospital.

Apesar de estranharmos que os intestinos dela não funcionassem nenhuma vez nesse dia, estávamos maravilhados demais com nossa garotinha para nos preocuparmos com a ausência de fraldas sujas.

No sábado, eu me sentia tão bem que fui a uma festa. Não via a hora de mostrar aos outros nosso pequeno tesouro. Durante a festa, Karis começou a vomitar. O vômito era amarelo-vivo e saía em jatos de intensidade inacreditável de seu minúsculo corpo. Logo em seguida, também comecei a me sentir exausta e doente.

No domingo, tive febre alta e passei tão mal que cheguei a pensar que morreria. Ainda assim, hesitamos em ir ao hospital. Eu me orgulhava de nunca ficar doente. Meu corpo doía tanto que eu não queria me mover, e David estava aturdido demais com a sucessão de acontecimentos inesperados. Ele não tinha a mínima noção de como cuidar de uma recém-nascida que vomitava o tempo todo e de um garotinho que havia perdido, de forma repentina e permanente, sua posição segura no centro do universo. Por mais que negássemos, nosso mundo perfeito estava se desintegrando.

Frustrado e assustado, David praticamente ordenou-me que eu me recuperasse logo. Por fim, a obstetra gritou com ele ao telefone e lhe disse que, se eu morresse, a culpa seria dele. Só então meu marido conseguiu juntar coragem de me tirar da cama e fazer a viagem de uma hora até o hospital, em Evanston, onde nossa obstetra trabalhava.

Na época, meus pais moravam na Guatemala, mas, pela graça de Deus, haviam acabado de chegar à Flórida. Estavam a caminho de Wheaton para a formatura e o casamento de meu irmão. David conseguiu entrar em contato com eles, e minha mãe embarcou no primeiro vôo para Chicago a fim de nos ajudar. Meu pai seguiu o roteiro planejado e visitou alguns amigos em Atlanta antes de se encontrar conosco.

Para alguém como eu, que raramente havia passado mais que dois dias de cama, foi maravilhoso descobrir o poder transformador dos antibióticos. Senti como se tivesse nascido de novo. Na quarta-feira, quando recebi alta, passei do desespero à euforia. A beleza do céu azul, da grama verde, das flores e das árvores era estonteante. Minha mãe era uma santa, meus filhos eram absolutamente lindos, minha casa era um palácio.

Em meio a essa alegria incontida, eu não podia — não *podia* — admitir a possibilidade de que havia algo de errado com nossa filha recém-nascida. Ela continuava vomitando. Imaginamos que talvez fosse uma reação ao leite em pó que minha mãe havia lhe dado enquanto eu estava internada. Na quinta-feira, uma semana após o parto, quando levamos Karis para sua primeira consulta, minimizei a situação e concordei prontamente com o médico em que "todos os bebês regurgitam". Não comentamos que o intestino dela não havia funcionado nem uma vez. Claro que Karis tinha perdido um pouco de peso, mas todos os bebês perdem peso na primeira semana de vida. Além do mais, o leite em pó com certeza não tinha lhe feito bem. Ela continuava com excelente aparência, pelo menos para mim, e o médico não expressou nenhuma preocupação.

Eu sei... Concordo plenamente com você: minha negação não fazia sentido. Afinal de contas, sou enfermeira formada e sempre tirava as notas mais altas da minha turma na faculdade.

O fim de semana foi surreal. Como eu estava em casa e com a saúde restabelecida, minha mãe resolveu continuar o roteiro de viagem com papai. David e eu nos vimos às voltas com o trabalho infindável de limpar a sujeira que Karis fazia. A máquina de lavar funcionava sem parar com cargas e mais cargas de lençóis, roupas e até cortinas que Karis acertava com os jatos de vômito bilioso. Pisos, paredes e móveis também não escapavam.

Karis e eu encontramos uma espécie de ritmo. Descobri que, quando ela mamava por dois minutos, vomitava logo em seguida. No entanto, se eu a deixava mamar por apenas um minuto, não vomitava — pelo menos não de imediato.

Na tarde de domingo, os padrinhos de Karis vieram visitá-la. Enquanto o padrinho a segurava no colo e nos encorajava a ser fortes e ter fé em Deus, ela vomitou no rosto dele.

Não tenho desculpas nem explicações para nossa inércia. É inacreditável que tenhamos passado aquele fim de semana inteiro feito duas mulas empacadas que se recusavam a procurar um médico.

Na manhã de segunda-feira, 16 de maio, arrumei Karis para irmos à formatura de meu irmão na faculdade em Wheaton. Meu pai havia chegado de viagem na noite anterior e ainda não a tinha visto. Quando veio nos buscar para a formatura, ele olhou bem para Karis e depois me disse naquele tom paternal que ninguém ousa desobedecer: "Você não vai à formatura. Pegue seu carro agora e leve o bebê ao médico mais próximo".

Assustada, mas obediente, fui à clínica pediátrica mais próxima e entrei com Karis.

— Minha filha precisa consultar um pediatra, mas não temos hora marcada — eu disse à recepcionista.

Ela informou que o médico só atendia com hora marcada e que teríamos de agendar uma consulta. Não havia nenhum horário disponível nos próximos dias. Sem sair do lugar, olhei firmemente para a moça e falei:

— Minha filha está vomitando muito e precisa ser atendida. (E por pouco não completei: "Estou aqui porque meu pai mandou".)

Irritada, a recepcionista respondeu:

— Todo bebê vomita. Pode ser que você não a esteja fazendo arrotar direito.

Permaneci imóvel, olhando para a moça. Por fim, ela suspirou alto e desapareceu por um corredor que dava para os fundos da clínica. Continuei em pé, ao lado da mesa da recepção, tentando resistir ao pânico que ameaçava me dominar desde que meu pai havia ordenado que eu tomasse uma providência.

— Tudo bem, o médico vai atender você. Mas só por dois minutinhos para não atrasar o horário dos outros pacientes.

— Sem problemas. Só precisamos de dois minutos mesmo.

Ela me encarou por alguns segundos como se eu fosse louca e depois me acompanhou até o consultório. Assim que entramos, o médico nem sequer pediu-me que colocasse Karis na mesa de exame. Apenas perguntou em tom ríspido:

— O que está acontecendo com o bebê?

— Se você esperar dois minutos, eu lhe mostro — respondi.

Enquanto eu amamentava Karis, ele permaneceu sentado, tamborilando os dedos em sua escrivaninha enorme, os olhos fixos no relógio de parede. Passados os dois minutos, ele avisou:

— Acabou seu tempo.

Tirei Karis de junto de mim e virei-a para ele. Como era de esperar, o jato de vômito atingiu o médico em cheio do outro lado da escrivaninha.

A indiferença passou numa fração de segundo. Enquanto limpava o leite amarelo que pingava de seu rosto, ele pegou o telefone e chamou a enfermeira aos brados. Quando terminou de vociferar uma série de ordens ao telefone, virou-se para mim e disse:

— Pegue seu carro e leve-a direto para o hospital. Não há tempo para chamar a ambulância. Sua filha está com obstrução intestinal e precisa de uma cirurgia de emergência. Mas antes vamos precisar tirar algumas radiografias para identificar o local da obstrução. Encontro você no hospital.

Descobrimos depois que o dr. W era um homem gentil e atencioso. Ele nos deu um bocado de apoio nos dias que se seguiram à confusão no Hospital Central DuPage. As radiografias causaram perplexidade, pois não revelavam nenhum sinal típico de obstrução. Sem uma indicação clara, os cirurgiões não podiam operar. E, no entanto, nada parava no estômago de Karis e suas fraldas continuavam limpas.

Tive de suspender a amamentação, e minha garotinha faminta não gostou nem um pouco da idéia. As enfermeiras inseriram um tubo de sucção em seu nariz a fim de manter o estômago vazio. Irritada, imaginei que o procedimento era só para evitar o trabalho de limpar o vômito.

Eu não podia sequer segurá-la. A certa altura, não agüentei mais ouvir o choro de Karis e, quando vi que não havia nenhuma enfermeira por perto, peguei minha filha no colo. Estava desesperada para consolá-la, mas não queria que ninguém soubesse que eu havia desobedecido às ordens médicas. Foi impossível, porém, esconder que a havia amamentado, pois o recipiente ligado ao tubo de sucção logo começou a se encher de leite. A meu ver, não faria mal nenhum. Nós duas ficamos mais tranqüilas, e Karis conseguiu pegar no sono. Evidentemente, ela estava recebendo alimentação intravenosa, mas água com açúcar não era suficiente para aplacar a fome.

Foram dias e noites de agonia no hospital. Os médicos tentavam descobrir o que fazer, e David se esforçava para trabalhar, cuidar de nosso filho pequeno e nos visitar, Karis e eu, no hospital. Consegui resistir ao sentimento de pavor que rondava, mas não suportava mais ver minha filha sofrer.

Passados alguns dias, dr. W me disse que simplesmente não sabia como proceder para ajudar Karis e nos encaminhou para o Hospital Pediátrico de Chicago. Perguntou se eu preferia levá-la de carro ou numa ambulância. Optei por levá-la de carro.

"Vá direto ao pronto-socorro. Já estão esperando por você. A propósito, não se assuste se o atendimento for um pouco diferente. É um hospital de cidade grande. Os médicos de lá são excelentes e vão saber o que fazer com Karis."

De fato, dr. R, do pronto-socorro, estava nos aguardando. Assim que descemos do carro, ele tirou Karis do meu colo e a mandou para a sala de radiografia. Virou-se para mim e explicou: "É um caso claro de obstrução intestinal. Assim que tivermos as radiografias, faremos a cirurgia e pronto. Esses médicos de cidade pequena não sabem o que estão fazendo. Não tiraram as radiografias corretamente ou não souberam interpretá-las". Mal havia acabado de falar e saiu apressado a fim de se preparar para a cirurgia.

Eu já estava com saudade do dr. W, com seu jeito simpático de médico de cidade pequena. Dr. R podia ser um "bambambã", mas naquele momento as últimas coisas de que eu precisava eram sarcasmo e arrogância. Por outro lado, eu havia pensado a mesma coisa do dr. W em nossa consulta inicial de dois minutos.

Parteiras tementes a Deus
Junho, 1983

Devo confessar que gostaria de ter uma câmera para filmar o dr. R gaguejando enquanto tentava explicar o cancelamento da cirurgia de Karis. Uma vez que as radiografias ficaram prontas, ele foi obrigado a engolir o que havia dito, pois as imagens não mostravam nenhuma obstrução intestinal.

Nos dias subseqüentes, Karis passou por todos os exames que os cirurgiões pediátricos e gastrenterologistas conheciam na época. Toda manhã, quando faziam a visita, os médicos informavam que os resultados dos exames do dia anterior tinham sido normais e explicavam os exames que planejavam realizar naquele dia. Karis parecia ser a criança mais examinada e mais normal do mundo. Não obstante, nada lhe parava no estômago, seus intestinos nunca funcionavam e, evidentemente, ela continuava perdendo peso sem parar. A melhor descrição que encontraram para seu quadro foi "deficiência de crescimento".

Três semanas depois do nascimento, Karis foi levada pela primeira vez a uma sala de cirurgia. Os médicos inseriram um cateter numa das veias principais do coração para que ela pudesse receber nutrição parenteral total. A esse procedimento dá-se o nome de hiperalimentação intravenosa (NPT). Desse modo, os nutrientes básicos entrariam direto na corrente sanguínea, sem passar pelo sistema digestivo. Em 1983, essa era uma tecnologia relativamente nova e quase nunca usada em bebês.

Graças à NPT, Karis começou a crescer e, em pouco tempo, chegou ao peso normal. Parecia um bebê saudável, como todos os exames indicavam que fosse. Exceto pelos recipientes de vidro transparente com NPT e os lipídios que a acompanhavam por toda parte num suporte para soro, Karis parecia deslocada naquele hospital repleto de crianças doentes. Uma vez que não passava mais o dia com fome, mostrou-se uma criança alegre que conquistava todos ao redor. As enfermeiras gostavam de arrumá-la com vestidos enfeitados, colar laços com fita adesiva em sua cabeça careca e levá-la para passear no carrinho e animar outros pacientes e famílias.

Com o passar do tempo, ao ver os longos dias de internação transtornarem nossa vida familiar e desequilibrar o resto da família, comecei a imaginar que a culpa era do hospital e dos médicos. Qualquer um que olhasse para Karis podia ver que não havia nada de errado com ela. O melhor a fazer era levá-la para casa e acabar com aquela situação ridícula. Eu passava noites acordada fazendo planos para fugir com nossa filha. Assim que visualizava Karis em casa, porém, eu me lembrava das cenas assustadoras de vômito bilioso por toda parte. Minhas fantasias neuróticas se desvaneciam, e eu voltava à estaca zero, completamente à mercê dos recipientes de NPT amarela e lipídios esbranquiçados. Parecíamos estar nadando contra a maré sem chegar a lugar nenhum.

Por fim, dr. R teve uma luz. Lembrou-se de um artigo que havia lido alguns meses antes no qual um cirurgião japonês descrevia um paciente com sintomas semelhantes aos de Karis. Ele pesquisou o artigo numa biblioteca médica, telefonou para o cirurgião no Japão e se informou sobre o procedimento para uma biópsia intestinal que lhe permitiria visualizar os nervos do intestino. Ensinou o procedimento aos patologistas do hospital e me avisou que fariam uma exploração abdominal, uma laparotomia.

Karis estava com 5 semanas de vida quando dr. R abriu-lhe o abdômen e fez uma biópsia de todo o trato digestivo, desde o estômago até o reto. Aplicou, também, estímulos elétricos diretamente nos intestinos, começando no cólon, ou intestino grosso, e subindo. O cólon não reagiu; era como se não tivesse nenhum "sistema elétrico". Quando se passou para o íleo, ou intestino delgado, um ponto reagiu. Dr. R cortou o intestino nesse ponto e juntou a extremidade com a parede abdominal, criando uma ileostomia.[1] Não removeu o cólon nem o restante do íleo, pois ainda não sabia qual era o problema nem se posteriormente seria possível religar os intestinos.

Ao eliminar o segmento "morto", nossa esperança era que a parte dos intestinos que havia reagido aos estímulos elétricos começasse a funcionar. Tais expectativas foram frustradas. Com o tempo, Karis se recuperou da cirurgia, mas o intestino continuou inativo.

Foi extremamente difícil para nós permitir uma intervenção cirúrgica dessas proporções em nossa filha. Desejávamos ardentemente que Deus realizasse um milagre espetacular e revelasse seu poder àqueles médicos incrédulos. Tudo indicava, porém, que a cirurgia havia servido apenas para ligar uma bolsa vazia ao abdômen de Karis e deixar uma cicatriz enorme.

Eu costumava orar fervorosamente para que a cirurgia desse resultado e suplicava a Deus que fizesse o intestino funcionar. Por maior que fosse a aflição de ver a barriguinha de Karis desfigurada, eu disse a Deus que, se a ileostomia a ajudasse a melhorar, jamais me queixaria. Mas os dias foram passando e nada mudou.

Quando saiu o resultado das biópsias, o dr. R e sua equipe de cirurgiões marcaram uma reunião comigo e com David. Explicaram que Karis possuía apenas um quinto da quantidade normal de nervos no trato intestinal e no estômago e que os poucos nervos existentes eram pequenos e malformados. Na opinião deles, era impossível seus intestinos

---

[1] Procedimento mediante o qual se cria uma fístula ou um ânus artificial através da parede abdominal para o interior do intestino delgado.

virem a funcionar algum dia. Dr. R nos disse que havia consultado colegas seus em grandes hospitais pediátricos de todo o país e identificado somente cinco casos semelhantes ao de Karis. Todos os pacientes haviam morrido pouco tempo depois do diagnóstico. Não fosse pela NPT, Karis não teria sobrevivido tempo suficiente para seu problema, chamado então de hipoganglionose, ser diagnosticado.

A situação em que Karis estava não poderia ser mantida indefinidamente, pois a NPT possui propriedades cáusticas que, em breve, começariam a destruir os outros órgãos. Se Karis chegasse a sobreviver mais um ano, entraria em estado vegetativo. O sofrimento seria muito maior tanto para ela quanto para nós. Quanto mais tempo ela vivesse, mais nos apegaríamos a ela e mais traumática seria sua inevitável morte.

Além do mais, precisávamos levar em consideração o custo financeiro de continuar com o tratamento. A hospitalização e a NPT custavam mil dólares por dia, além das cirurgias. O limite de nosso plano de saúde era de duzentos mil dólares por ano, e já havíamos usado parte considerável dessa soma.

Na opinião dos médicos, a situação era insustentável. Eles "sabiam" que os intestinos de Karis jamais funcionariam e que sem eles seria impossível para ela sobreviver. Recomendaram que nos despedíssemos de Karis e a deixássemos no hospital. Eles a sedariam e interromperiam a NPT para que ela morresse "em poucos dias", sem sofrimento. Para eles, o melhor que tínhamos a fazer era voltar para casa, cuidar de nosso filho pequeno e planejar o funeral de Karis. Os médicos avisariam quando chegasse a hora de buscar o corpo para o sepultamento.

Naquele mesmo dia, eles nos levaram para ver um bebê que havia nascido com síndrome do intestino curto. O bebê estava sozinho, deitado num berço, em uma sala grande. A mãe dele havia tomado a decisão "correta" e deixado a natureza seguir seu curso. A intenção dos médicos era mostrar-nos que o bebê inconsciente não estava sofrendo.

David e eu havíamos imaginado que os médicos poderiam fazer alguma sugestão desse tipo e tínhamos preparado nossa resposta. Acreditávamos que o poder de dar e tirar a vida pertencia somente a Deus, e não a nós, e que devíamos manter a vida enquanto houvesse meios de fazê-lo. Não podíamos concordar com a interrupção da NPT. Em vez disso, pedimos para levar Karis para casa.

Os médicos recusaram nosso pedido de imediato. Jamais haviam mandado para casa um bebê usando NPT e descreveram uma série de problemas que poderiam surgir. Que ironia! Se estavam recomendando que deixássemos Karis morrer, por que se preocupar com as complicações que poderiam ocorrer caso a levássemos para casa? Além do mais, eu era enfermeira. Podia aprender a cuidar do cateter e administrar a NPT. Nós nos recusávamos a deixá-la morrer de fome no hospital.

Depois de vários minutos de discussão, os médicos finalmente concordaram em que todos nós precisávamos pensar mais sobre a situação durante o fim de semana. Se até segunda-feira nós dois não tivéssemos recobrado o juízo, a equipe médica reconsideraria a idéia "absurda" de levarmos Karis para casa.

A SARÇA EM CHAMAS
Julho, 1983

Em consideração às pessoas que tentaram nos distrair um pouco do ambiente hospitalar, procurei prestar atenção à orquestra que tocava uma bela sinfonia, mas não consegui fazer as lágrimas pararem de correr. No intervalo, desistimos do concerto e David me levou para um parque próximo ao teatro. Suas palavras de consolo só geraram frustração e raiva. Na verdade, desencadearam a raiva que já estava guardada dentro de mim. Pedi para ficar sozinha por alguns momentos e caminhei pelo parque, mal percebendo a beleza daquela noite.

"Se você é um Deus de amor", acusei o Senhor em meio a lágrimas, "por que deixou a garotinha na enfermaria de Karis morrer? Como pode permitir o sofrimento não só de Karis, mas de todas as crianças naquele hospital? Se não se importa o suficiente ou não tem poder suficiente para curá-las, por que devo segui-lo? Por que devo confiar em você?".

Sem forças para continuar andando, deixei-me cair na grama. Toda vez que eu tentava parar de chorar, via minha filha de 6 semanas ligada a monitores, com uma sonda no narizinho, um cateter se projetando do peito e a ileostomia recente junto da longa incisão no abdômen. Por fim, acabei me aquietando e, naquele momento, ouvi uma voz falar comigo. Era tão vívida e real que me sentei e olhei ao redor para ver quem estava lá. "Nunca te deixarei nem te abandonarei", disse a voz. "Mas, se você se afastar de mim, não perceberá minha presença ao seu lado."

Não ouvi mais nada, mas sabia que ele ainda estava ali, esperando minha decisão. Não havia reagido à minha provocação irada nem respondido às minhas perguntas. Passei um bom tempo sentada na grama, lutando com emoções avassaladoras, desejando mais que tudo a cura de minha filha. Não podia negociar com ele. Precisava apenas fazer uma escolha: confiar ou me afastar. Confiar sem nenhuma garantia além da promessa de sua presença ou dar lugar à raiva e ao ressentimento e permitir que a amargura começasse a criar raízes em meu coração. Ainda que eu me afastasse de Deus, minha filha morreria e eu ficaria sem ela e sem o Deus que havia conhecido e procurado seguir a vida inteira.

Não obstante, ele esperava que eu tomasse uma decisão. "Senhor", eu disse por fim, "desejo segui-lo e confiar em ti, mas a dor é grande demais. Vou precisar de um bocado de ajuda. Sei que não vou me sair muito bem. Por favor, me ajude".

Enquanto eu continuava deitada na grama, uma série de imagens passou-me pela mente, cada uma mostrando que Deus estava conosco. Ele se importava e estava envolvido. A beleza de nossa filha, que veio ao mundo rechonchuda, o que a ajudou a manter-se nos dias sem alimentação depois de seu nascimento. O parto tranqüilo. A chegada de minha mãe aos Estados Unidos exatamente quando precisávamos dela para tomar conta de Karis enquanto eu me recuperava da infecção pós-parto no hospital. O bom senso de meu pai ao ver Karis pela primeira vez e me mandar para o médico. A estranha maneira como o dr. W se tornou nosso aliado depois que Karis vomitou em cima dele. O encaminhamento para dr. R, um cirurgião altamente qualificado e de renome internacional, no Hospital Pediátrico de Chicago. O modo como dr. R foi perdendo sua arrogância com o passar das semanas por não conseguir diagnosticar o problema de Karis. O primeiro cateter, quando ela estava com 3 semanas, que lhe permitiu receber alimentação intravenosa, já que seus intestinos recusavam-se a cumprir sua função. A persistência do dr. R e, quando Karis estava com 5 semanas, o diagnóstico de hipoganglionose, ou seja, o número reduzido de nervos nos intestinos e a malformação dos existentes que impedia o funcionamento do sistema digestivo. A convicção do dr. R de que devíamos interromper a alimentação parenteral e deixar Karis morrer. Nossa convicção mais forte de que devíamos tentar mantê-la viva o maior tempo possível, de que não cabia a nós decidir se ela devia viver ou morrer. A própria personalidade impetuosa de Karis e sua determinação de viver, sobre a qual enfermeiras experientes comentaram desde o começo. Seu charme e sua confiança em nós. O prazer de ver seus sorrisos e sua alegria e, apesar de seu tamanho, a força com que ela já havia cativado nosso coração. Nosso pedido para levar Karis para casa e continuar a NPT, idéia que os médicos se dispuseram a reconsiderar depois da recusa inicial e a dar uma resposta após o fim de semana. A disposição de membros de nossa igreja de viajar até Chicago e orar por nossa filha no hospital no dia seguinte.

Aos poucos, comecei a sentir paz e consegui deixar que a presença de Deus fosse suficiente. Suficiente para aquela noite. Suficiente para voltar para casa com meu marido e me permitir uma noite de sono. Suficiente para deixar as preocupações de amanhã para amanhã. Suficiente.

Sinais
Junho a dezembro, 1983

Na noite depois que Deus falou comigo no parque, o hospital permitiu-nos descer com Karis, então com 6 semanas, e toda a sua parafernália para a capela, onde membros de nossa igreja estavam reunidos. Juntos, pedimos a Deus que confirmasse a decisão de continuar a NPT e levar nossa filha para casa. Pedimos também uma indicação de seus planos e suas intenções para Karis a fim de que pudéssemos orar por ela com maior convicção.

Enquanto orávamos, várias pessoas creram que Deus curaria Karis. Nossa amiga Jan a viu claramente com 3 anos de idade, os cabelos loiros presos em longas tranças, andando de triciclo numa calçada ensolarada em frente a uma casa cinza. De acordo com Jan, a visão significava que Karis seria curada aos 3 anos e, por meio de nossa filha, cujo nome significa "graça", Deus revelaria seu amor.

O quadro descrito por Jan era muito mais atraente do que o prognóstico apresentado pelos médicos! Quando levamos Karis de volta para o quarto, não nos restava nenhuma dúvida de que devíamos insistir em cuidar dela em casa. Acalentávamos a esperança de que Deus faria algo especial por sua vida.

Naquela noite o intestino de Karis funcionou pela primeira vez! Os médicos não tinham mais motivo para recusar nosso pedido. Nos dias subseqüentes, enquanto eu aprendia a administrar a NPT e utilizar o cateter central, o intestino de Karis funcionou regularmente. Os médicos começaram a lhe dar líquidos por via oral, primeiro com grande cautela, depois com mais confiança, e em nenhum momento ela vomitou. Quando terminei meu treinamento para usar a NPT em casa, Karis não precisava mais dela e estava tomando leite materno com o cateter fechado! Logo no início, os médicos disseram que, se ela chegasse a ingerir algum líquido, seria mais fácil tolerar o leite materno. Assim, por via das dúvidas, esforcei-me para evitar que o leite secasse. A notícia do "milagre de Karis" correu o hospital.

Em 1º de julho, um dia antes do casamento de meu irmão, levamos Karis para casa felizes e confiantes de que Deus a havia restaurado completamente. Concluímos que nossa amiga Jan tinha apenas imaginado a visão na qual Karis seria curada aos 3 anos de idade. A própria Jan ficou um tanto confusa, pois Karis estava com apenas 2 meses e curada.

Foi essa a nossa impressão, compartilhada pelos médicos, que decidiram remover o cateter em agosto. Não podíamos conter nossa alegria, apesar do desdém expressado pelo dr. R quando as enfermeiras comentaram sobre o "milagre de Karis". Ele estava certo de que havia uma explicação médica lógica para o que havia acontecido; só não sabia qual era.

Karis se desenvolveu a passos largos. Exceto pelas cicatrizes e pela ileostomia, era uma criança perfeitamente saudável, inteligente e amável. David e eu consideramos os dois primeiros meses de vida de Karis um capítulo encerrado e nos preparamos para desfrutar um futuro feliz com nossos dois queridos filhos.

No início de maio, eu havia preparado parte de nosso amplo quintal para criar uma horta com diversos vegetais. Alguns amigos tinham se oferecido para me ajudar a plantá-los no sábado, 7 de maio. Apesar de Karis ter nascido na quinta-feira e eu não poder fazer muita coisa, eles vieram e plantaram tudo conforme eu havia planejado. Foi a última vez que alguém mexeu na horta em mais de dois meses.

Em meados de julho, finalmente consegui retomar algumas rotinas domésticas e começar a cuidar de meus dois filhos. Só então tive tempo de espiar como andava a horta. Para meu desânimo, as ervas daninhas haviam tomado conta de tudo e algumas estavam mais altas do que eu! Que bagunça! Distraí Danny com alguns brinquedos em sua minúscula piscina de plástico e coloquei Karis para tirar uma soneca na sombra. Besuntei-me de protetor solar e arregacei as mangas para acabar com aquele matagal.

Qual não foi minha surpresa quando descobri que na escuridão, debaixo das ervas daninhas, todos os vegetais haviam germinado e crescido. A colheita foi tão abundante que meus vizinhos não agüentavam mais me ver a sua porta oferecendo legumes e verduras. Para mim, aquela horta se transformou numa imagem viva da graça de Deus. Fizemos o pouco que estava a nosso alcance e, quando não pudemos mais trabalhar, ele fez a horta crescer. Foi um toque de generosidade que confortou e curou meu coração e fortaleceu minha confiança.

Tijolos sem palha
1984 a 1985

Durante seis maravilhosos meses, Karis cresceu e se desenvolveu. O período mágico terminou repentinamente quando ela vomitou bile na noite de Ano-Novo. Entramos em 1984 no Hospital Pediátrico de Chicago. O intestino de Karis havia parado completamente de funcionar, como nas primeiras semanas de vida. Como não conseguia comer, ela teve de voltar à NPT. Dr. R me disse que, a seu ver, Karis não sobreviveria. David estava em viagem à Bolívia e pegou o primeiro vôo de volta para casa.

Karis passou por uma cirurgia extensa para remover o cólon e outra parte do íleo e colocar uma nova ileostomia do lado oposto do abdômen. Mais uma vez, mesmo depois da remoção das partes "mortas", o intestino não voltou a funcionar.

Parecíamos estar revivendo os dilemas de junho do ano anterior. Ficamos aturdidos. Como era possível nosso bebê ter uma recaída total depois do milagre? Alguns amigos sugeriram que nossa fé estava sendo provada e que devíamos permanecer firmes na certeza da cura. Entendi as palavras, mas o conceito não fazia sentido em minha mente. Se o intestino estava curado, então devia funcionar. Era inconcebível que Deus estivesse brincando conosco.

O ritmo de nossa vida se tornou dissonante outra vez. Dia após dia, não víamos avanço em nenhuma direção. Karis se recuperou da cirurgia e, como antes, se adaptou bem à NPT, mas continuava a não tolerar nada por via oral.

Observamos algo um tanto estranho. Ao ser internada, na noite de Ano-Novo, Karis começou a usar a chupeta que as enfermeiras lhe deram. Durante a hospitalização em seus primeiros meses de vida, a chupeta tinha sido sua companheira constante, mas assim que voltamos para casa Karis a esqueceu. O padrão persistiu em internações futuras. Sempre que era hospitalizada, ela voltava à chupeta, e não havia quem a fizesse largar. Em casa, porém, não queria nem saber dela.

Nunca vou me esquecer do dia em que entrei em seu quarto, então com 9 meses, e a vi sentada no berço, pintando alegremente os lençóis e a parede com o lindo sangue vermelho que esguichava do cateter intravenoso. Ela havia separado uma das ligações do cateter, e só Deus sabe quanto teria sangrado se eu não houvesse chegado. Aos gritos, chamei a enfermeira e, quando tínhamos acabado de limpar tudo, dr. R entrou no quarto. Enquanto ele examinava Karis, a enfermeira tremia da cabeça aos pés. Mais tarde, ela me contou que, se dr. R tivesse descoberto o que havia acontecido, ela seria demitida e nunca mais poderia trabalhar naquele hospital.

Depois de várias semanas, Karis recuperou a função intestinal o suficiente para conseguir tolerar Pregestemil, uma fórmula predigerida, em metade da concentração normal, administrado por gotejamento numa sonda nasogástrica (NG) com uma bomba de infusão. Graças a todo esse equipamento, depois de quase nove semanas de internação conseguimos levar nossa filha para casa. Apesar de ela não estar mais usando a temida NPT, os médicos deixaram o cateter central caso fosse preciso recorrer a essa forma de nutrição novamente.

Karis *detestava* a sonda NG. Fixávamos a sonda no rosto com várias tiras de fita adesiva, mas, ainda assim, quando Karis ficava irritada, ela conseguia arrancá-la. O procedimento para colocar a sonda novamente não era nada agradável. Aos poucos, porém, Karis voltou a comer e, para comemorar a Páscoa, removemos a sonda NG de uma vez por todas, ou pelo menos era o que imaginávamos, e devolvemos a bomba de infusão à empresa de locação de equipamentos médicos. Começamos a nos acostumar novamente com uma vida normal.

O termo "normal", porém, adquiriu uma nova definição. Nos dois anos e meio que se seguiram, Karis foi hospitalizada 21 vezes e algumas internações se arrastaram por várias semanas. Certo dia, logo depois de receber alta do hospital em Chicago, ela começou a vomitar bile verde e não parou mais. Estávamos a meio caminho de casa e tive de voltar para Chicago e interná-la outra vez. Nosso segundo lar era um centro de apoio para famílias com crianças doentes. Karis passou por outras cirurgias e por períodos ocasionais de NPT. Sempre que os médicos pensavam que ela não sobreviveria, Deus a preservava.

Como entender o que estávamos passando? Amigos bem-intencionados especulavam sobre várias possibilidades. Havíamos nos acomodado e deixado de exercitar a fé. Não tínhamos fé suficiente. Deus estava nos castigando por algum pecado oculto em nossa vida. Éramos como Jó e estávamos sendo provados num drama cósmico. Essa era uma das sugestões que mais me ofendiam, pois Jó havia perdido todos os filhos. Certamente eu não queria que o mesmo acontecesse comigo. Para meu espanto, era comum as pessoas nos dizerem "Deus escolheu sua família para cuidar de Karis pois sabia que vocês seriam capazes de lidar com essa provação", como se existisse uma cota de bebês com defeitos congênitos a ser distribuída entre famílias consideradas mais "dignas".

Éramos colocados num pedestal ou condenados. Éramos heróis ou vilões. Nenhuma dessas especulações nos ajudava ou consolava. Quem poderia dizer quanta fé é "suficiente"? Claro que éramos pecadores, mas por qual de nossos pecados nossa filha estava sendo castigada com tanta severidade?

Outra hipótese ventilada foi a de que Karis estava sofrendo porque havíamos confiado em médicos, e não em Deus, ao levá-la para hospitais e permitir que fizessem cirurgias, inserissem sondas de alimentação e cateteres. Se tivéssemos confiado em Deus e mantido Karis em casa, o Senhor teria confirmado a cura que havia realizado quando ela estava com 2 meses e os problemas não teriam persistido. Havíamos sido reprovados no teste da fé e, portanto, o que acontecesse dali em diante seria "nossa culpa", e não de Deus, como se alguém tivesse de ser culpado.

Todos pareciam ter uma solução para o problema de Karis, algo que ela devia comer ou beber, algum medicamento que devia tomar, algum lugar aonde devíamos levá-la para receber orações, algum modo de aumentar nossa fé e nos apropriar das promessas de Deus. Ouvimos repetidamente que o amigo de alguém tinha um filho "com o mesmo problema de Karis" e que o solucionaram desta e daquela forma. Convém lembrar um detalhe importante: de acordo com o dr. R, somente no ano anterior, graças ao uso mais amplo de NPT, bebês como Karis haviam sobrevivido tempo suficiente para que fosse feito um diagnóstico.

Aprendi a não me magoar com o tapinha nas costas que parecia dizer "Não se preocupe, vai dar tudo certo". Provavelmente aquela pessoa também estava carregando fardos pesados e não tinha como entender nossas preocupações. Descobri que as Escrituras podem ser usadas de forma proveitosa ou inconveniente. Depende, em grande parte, de quanto o indivíduo é capaz de se envolver em nosso drama, orar com sensibilidade e, de fato, receber de Deus uma passagem para compartilhar conosco. Em muitos casos, as pessoas estão mais interessadas em se sentir melhor em relação ao nosso problema usando versículos como se fossem curativos: "Todas as coisas cooperam para o bem", "Não andeis ansiosos de coisa alguma" etc.

Os amigos que, sem julgamentos ou conselhos, sem a necessidade de encontrar palavras "sábias", tiveram a coragem de me deixar falar e chorar sobre meus sentimentos e minhas lutas foram os melhores consoladores. Mais de vinte anos depois, ainda me lembro de como fui confortada por um pastor ao qual confessei a impressão de que minha fé estava se esgotando. Sua resposta muito mansa foi: "Então é hora de deixar que o Corpo tenha fé por você".

Na luta contínua para manter a confiança em Deus, apeguei-me a uma ilustração vívida do que significa confiar mesmo sem ser capaz de entender. Pequena demais para compreender o motivo dos inúmeros procedimentos dolorosos aos quais era sujeitada, Karis permitia a médicos e enfermeiras que fizessem o que precisavam fazer desde que fossem honestos, avisassem que ia doer e me deixassem ficar na sala. Ela se refugiava em meus braços, em meu toque e até mesmo em minha voz e minha presença quando eu não podia segurá-la no colo.

Em várias ocasiões, vi crianças fazerem exatamente o contrário. Esperneavam, gritavam, batiam nos pais com raiva e tinham de suportar a agulha, o bisturi ou outro procedimento sem acesso ao apoio e ao consolo que os pais poderiam ter oferecido. Um procedimento que Karis suportava com lágrimas, mas sem perder a calma, tornava-se um suplício traumático para crianças com outra atitude e, além de exigir mais tempo e mais esforço, deixava todos emocionalmente esgotados.

Percebi que eu era como uma criancinha diante de Deus, incapaz de entender por que ele permitia dores tão intensas. A cada dia e, por vezes, a cada hora, precisava fazer uma escolha: deixar que a raiva, o ressentimento e o medo me afastassem da força e do consolo que Deus oferecia ou confiar e me apegar firmemente a ele e encontrar refúgio em meu Pai celestial.

Ao longo desse período, quando Karis estava com 1 a 2 anos de idade, nossa pequena família se viu sob grande tensão. O trabalho de David exigia que ele viajasse e passasse várias semanas seguidas fora de casa. Precisava do emprego, pois dependíamos do plano de saúde que ele oferecia para cuidar de Karis.

Quem mais sofreu provavelmente foi nosso filho Danny. Quando Karis era internada, Danny era obrigado a peregrinar pela casa de vários amigos nossos. Quando David não estava viajando, trabalhava o dia inteiro, mas ficava com Danny à noite e eu podia dormir no hospital. Nos fins de semana, os dois iam a Chicago e me faziam companhia na casa de apoio. Quando David estava fora, eu saía do hospital no final da tarde e fazia a viagem de uma hora e meia de volta para Wheaton a fim de dormir em casa com Danny. Na manhã seguinte, levava-o para a casa dos amigos que haviam se prontificado gentilmente a cuidar dele naquele dia e voltava a Chicago, onde passava o dia com Karis no hospital.

Ao realizar procedimentos estéreis em casa com Karis, como a troca de curativo do cateter central, e o protocolo da época exigia que a troca fosse diária, eu tinha de trancar a porta para que Danny não entrasse no quarto. Procurava entretê-lo com programas de televisão ou algum brinquedo, mas muitas vezes ele passava os trinta a quarenta minutos do procedimento chorando e batendo à porta.

A situação de Danny, a insegurança e o abandono que ele sentia com tanta freqüência cortavam-me o coração, mas a angústia era tanta que eu não conseguia pensar em soluções mais adequadas. Não tinha coragem de deixar Karis sozinha no hospital com freqüência, e as tentativas de levar Danny comigo foram desastrosas. Ele era um garotinho curioso e irrequieto. Quando eu finalmente conseguia arrumar as sondas e os cateteres de Karis para pegá-la no colo, ele já não estava mais no quarto. Mexia no equipamento de outros bebês (certa vez, desligou o oxigênio de uma criança) ou entrava no elevador e se perdia em um dos doze andares do hospital imenso. Sem saber onde procurá-lo, eu imaginava o que estava aprontando e esperava ansiosamente o anúncio no alto-falante: "Um garotinho que diz se chamar Danny aguarda sua mãe junto com o segurança do primeiro andar".

Como era de esperar, Danny morria de ciúme de Karis. Em casa, encontrei-o puxando a irmã pela cabeça para fora da cama onde ela havia adormecido e empurrando-a para baixo da cama. Da próxima vez que não a encontrasse, eu saberia onde procurar! Nem o berço nem meu colo eram necessariamente mais seguros. Certa vez, cochilei enquanto amamentava e acordei sobressaltada quando Danny a arrancou de mim, jogou-a no chão e tomou o lugar dela no meu colo. Em outra ocasião, ouvi-o gritar "Mãe! Bebê chorando! Mãe! Bebê chorando!" e encontrei-o, no berço, pulando sobre a barriga de Karis.

Karis, por outro lado, adorava seu irmão mais velho. Algumas semanas antes de uma das hospitalizações, Danny finalmente conseguiu se acalmar e retribuir a afeição da irmãzinha. Uma das primeiras coisas que Karis aprendeu a falar foi "meu Danny". Matriculamos Danny na pré-escola na esperança de lhe proporcionar um ambiente mais estruturado. Quando ele saía, Karis ficava junto da porta, chorando e dizendo: "Meu Danny! Meu Danny!". Ou, quando estava internada, perguntava por ele: "Meu Danny? Meu Danny?". Só parou de chamá-lo de "meu" vários anos depois.

Certo dia, Danny perguntou, olhando para a própria barriga: "Quando é que *eu* vou ganhar a *minha* ileostomia?".

Quando Karis estava com 1 ano de idade e Danny havia acabado de completar 3, fui confrontada com um desafio imenso na forma de uma gravidez não-planejada. Entrei em choque. Não podia imaginar como conseguiria cuidar de mais uma criança. Angustiava-me com a idéia de que esse bebê também poderia nascer com problemas de saúde. Estava no meu limite.

Durante as estadas no hospital, às vezes eu aproveitava quando Karis estava dormindo para pesquisar as doenças das crianças ao nosso redor e, desse modo, poder me relacionar melhor com seus familiares. Havia adquirido grande quantidade de informação sobre vários problemas congênitos. Ao longo da gestação, sonhava quase todas as noites que o bebê nascia com um desses problemas. Acordava em pânico, aflita e paralisada de medo.

A enfermeira do dr. R que coordenava os cuidados domiciliares me ajudou a recuperar a perspectiva correta. Cristã devota e convicta da santidade da vida, Donna me auxiliou a crer que Deus, o Criador daquela nova vida dentro de mim, me daria amor e todos os recursos necessários. Mal acreditei quando nossa Rachel nasceu perfeitamente saudável. Não pude amamentá-la por tanto tempo quanto gostaria devido às freqüentes internações de Karis, mas a pequena Rachel, nossa linda garotinha de cabelos escuros e cacheados, mostrou ter índole tranqüila e logo se apegou ao pai, que cuidava dela quando eu não estava por perto.

Durante a gestação de Rachel, eu havia acabado de levar Danny para a escola certa manhã quando um carro grande fez uma curva, furou o sinal vermelho e bateu em cheio do lado direito de nosso veículo compacto, exatamente na altura do banco do passageiro, ocupado por Danny minutos antes. Ouvi Karis gritar no cadeirão no banco de trás e, em seguida, senti o impacto do outro carro e a agitação do bebê dentro de mim. Nosso carro teve perda total, e demorou uma hora para separar um veículo do outro a fim de que fossem guinchados. Se o senhor idoso do outro carro não tivesse batido em nós, porém, teria atropelado várias crianças que estavam atravessando a rua naquele exato momento com um guarda escolar. Enquanto um gentil policial se oferecia para levar Karis e a mim para casa, eu ainda podia ouvir ao fundo o senhor que havia causado o acidente esbravejando contra "essas motoristas burras".

Um desafio muito maior em minha vida durante aqueles meses foi o relacionamento com o dr. R. Ele se preocupava profundamente com seus jovens pacientes, mas parecia considerar os pais apenas um bando de incompetentes irritantes. Quando Karis ficava doente, ele gritava comigo e me culpava. Quase todas as vezes que falava com ele, pessoalmente ou por telefone, eu acabava chorando. Em certa ocasião, quando Karis teve de ser internada depois que nossa família foi acampar, dr. R perguntou aos brados: "Quando você vai entender que sua filha é *doente* e você não pode tratá-la como se fosse uma criança normal?". Pela primeira vez criei coragem e respondi: "Nunca!". Eu sabia que Karis não havia passado mal por causa da viagem. A mesma coisa poderia ter acontecido se estivéssemos em casa sem fazer nada diferente.

De fato, Karis *era* uma criança completamente normal, com apenas um problema: seus intestinos não funcionavam bem. Eu não via motivo nenhum para tratá-la como uma "doentinha". A própria Karis mostrava tamanho entusiasmo com a vida que não permitiria ser paparicada. Sempre que tinha energia, brincava, fazia travessuras e explorava o mundo ao redor. Aprendeu a dançar antes de andar e possuía um senso de humor bem maroto e um sorriso maravilhoso. Vivia com intensidade, amava a todos e imaginava que todos também a amavam.

Eu sabia que dr. R amava Karis e, graças a isso e à ajuda da enfermeira Donna, consegui suportar nossos embates. Certa manhã, depois de passar a noite no hospital com Karis porque ela não se encontrava nada bem, voltei do banheiro e, ao entrar no quarto, vi dr. R curvado sobre Karis no berço, dizendo-lhe: "Pobrezinha, eu gostaria de saber como ajudar você". Como estava descalça, saí sem fazer nenhum ruído e sem que ele percebesse. Alguns minutos depois, entrei no quarto novamente e o médico me recebeu com a rispidez habitual. Aquele vislumbre de ternura por baixo da casca grossa, porém, me ajudou a lidar com seu modo áspero de me tratar.

Para o empregador de David não fazia diferença onde ele morava, desde que tivesse acesso a um aeroporto. Gostamos de uma igreja em Port Huron, em Michigan, e sentimos o desejo de participar daquela comunidade. Em dezembro de 1985, quando Karis estava com 2 anos, Danny com 4 e Rachel com 8 meses de idade, mudamo-nos para Port Huron, onde um corretor de imóveis cristão havia encontrado uma casa para nós. Dr. R encaminhou Karis ao dr. P, no Hospital Pediátrico de Detroit. Que alegria descobrir um cirurgião preocupado em tratar tanto Karis quanto a mim com gentileza! Vejo a bondade de Deus nessas circunstâncias, pois o próximo ano seria o mais difícil desde o nascimento de Karis.

A travessia do mar
1986 a 1987

Quando Karis completou 3 anos, seu corpo lembrava as fotos de crianças africanas subnutridas: abdômen grande, pernas e braços fininhos e olhos tristes. Nossa menina alegre que adorava viver e dançar não tinha mais forças. Não se queixava e não chorava alto, mas passava longas horas deitada no sofá chupando o polegar enquanto pequenas lágrimas corriam silenciosamente por seu rosto. Dr. P disse para não nos preocuparmos com o fato de ela chupar o dedo, pois precisava da sensação de segurança que isso lhe proporcionava. Karis tirava o polegar da boca só para se virar e começar a chupar o dedo da outra mão. Sua dieta consistia em Pregestemil (não sei como ela conseguia beber aquela fórmula predigerida horrível!), carne magra de frango cozida e iogurte. Quando sua avó viajou para a Etiópia, trouxe para ela uma colher especial para comer iogurte que ninguém mais podia usar.

Durante um período difícil perto do terceiro aniversário de Karis, quando ela não estava conseguindo comer nada, uma enfermeira lhe ofereceu um *milkshake* de morango "igual ao do McDonald's". Karis ficou toda empolgada, mas, depois de um gole do bário cor-de-rosa, jogou tudo em cima da enfermeira. Se lhe avisassem que seria algo com gosto de giz, Karis teria juntado coragem e bebido tudo. Nesse caso, porém, precisaram amarrá-la e inserir uma sonda NG para ela ingerir o bário, um processo traumático para todos. Karis jamais tolerou desonestidade ou dissimulação.

Quando vimos, nas radiografias com o contraste de bário, como os intestinos de Karis estavam distendidos, ficamos preocupados com o risco de que se rompessem feito um balão. Por várias semanas, ela sofreu com diarréia intensa. Uma clínica médica de nossa cidade concordou em atendê-la sempre que se desidratasse e precisasse de soro a fim de evitarmos viagens até o hospital. Normalmente, porém, o soro não era suficiente e tínhamos de levá-la a Detroit. Sua altura e seu peso nem constavam na tabela para sua idade. Ela se retraiu e se transformou numa sombra da garotinha que conhecíamos.

Nossa nova igreja em Port Huron nos apoiou de modo extraordinário. Alguns membros cuidavam de Rachel e Danny durante as internações de Karis e ajudavam a fazer refeições e compras e até a limpar a casa. Durante a semana, várias pessoas nos visitavam para orar por nossa filha e também faziam orações especiais por ela aos domingos.

Mesmo com toda essa atenção, a certa altura eu não conseguia mais suportar as viagens constantes de David. Deus, em sua graça, providenciou um emprego para ele em Detroit. O local ficava a cerca de uma hora de viagem de nossa cidade, mas pelo menos ele estava em casa toda noite. Seu escritório na Wayne State University ficava logo ao lado do hospital e de uma casa de apoio para famílias com crianças doentes, que, mais uma vez, se transformou em nosso segundo lar.

Nem dr. P nem os colegas com quem discutiu o caso sabiam o que fazer para ajudar Karis. Por fim, no segundo semestre, ele nos disse que desejava tentar outra cirurgia para remover mais uma parte do intestino e fazer uma nova ileostomia. Afirmou que não podia prometer que funcionaria, mas era a única idéia que lhe havia ocorrido, e que Karis não conseguiria ficar naquele estado por muito tempo.

Minha reação foi totalmente negativa. Depois de tanto sofrimento, o médico desejava submeter minha garotinha a outra cirurgia só porque não sabia mais o que fazer? E, ainda por cima, não tinha como dizer se a cirurgia ajudaria em alguma coisa? De jeito nenhum!

David, por outro lado, gostou da idéia de fazer *alguma coisa*. Decidimos, por fim, apresentar nosso dilema à igreja no domingo e pedir a todos que orassem a Deus que nos orientasse. Os membros oraram por nós durante toda aquela semana e no domingo seguinte nos aconselharam, de comum acordo, a permitir a cirurgia. Insisti em minha posição, até que David me perguntou por que havíamos concordado em consultar a igreja se não estávamos dispostos a ouvir seu conselho. Relutante, sujeitei-me à decisão de operá-la. Internamos Karis novamente para algumas semanas de NPT a fim de melhorar a probabilidade de ela sobreviver à cirurgia, marcada para o início de dezembro.

Ver a convalescença de Karis após a cirurgia foi a experiência mais incrível de minha vida. Ela se recuperou com tanta rapidez que pudemos levá-la para casa ainda antes do Natal. Pouco tempo depois, estava comendo alimentos de todo tipo. Começou a se desenvolver e a crescer tão rapidamente que as roupas logo ficavam pequenas. Em 4 meses, cresceu 6 centímetros e ganhou mais de 4 quilos e meio! Seu peso e sua altura estavam dentro da tabela outra vez. Karis recobrou a energia de tal modo que logo estava correndo e brincando com as demais crianças, como se tentasse recuperar o tempo perdido. Era como observar uma florzinha murcha desabrochando sob uma chuva leve de primavera.

De tempos em tempos, quando estava brincando no quintal, ela corria para dentro de casa e me dizia com ar de espanto: "Mãe, não tem nada doendo!".

Numa bela manhã de sol quase no fim de abril de 1987, olhei pela janela sobre a pia da cozinha, onde estava lavando louça, e vi Danny, então com 5 anos de idade, ensinando Karis a andar no velho triciclo dele. Enquanto eu os observava, ela veio pedalando pela calçada ensolarada, as tranças loiras saltitando sobre seus ombros. Tive uma sensação estranha de déjà vu... De repente, eu me lembrei e senti um arrepio. As lágrimas corriam soltas quando consegui chegar até o telefone e ligar para meu marido. Era a visão de Jan. Tanta coisa havia acontecido desde então que pareciam ter se passado séculos.

Morávamos numa casa cinza e ainda faltavam alguns dias para Karis completar 4 anos.

"David", eu lhe disse por telefone, "podemos nos mudar para o Brasil."

PAUSA PARA HISTÓRIAS SOBRE
AS CRIANÇAS E A VIDA EM FAMÍLIA
1986 a 1990

Estou cansada de escrever sobre coisas sérias, e é possível que você esteja cansado de lê-las! Toda família tem histórias engraçadas sobre seus filhos. Para você não imaginar que nossa vida era feita apenas de hospitais e melancolia, eis algumas das nossas.

Desafiando a sorte — verão de 1986
Quando Danny estava com 5 anos, sua melhor amiga era Abigail, uma garotinha de cabelos escuros um ano mais velha que ele. Os dois brincavam sempre na casa um do outro e se divertiam para valer. Adoravam transformar caixas de papelão em quartos, fortes ou postos de bombeiros, andar de bicicleta, organizar desfiles com as irmãzinhas de Danny, transformar em instrumentos musicais tudo o que fizesse barulho ou pular da cama de cima do beliche de Danny num monte de cobertores, até que Danny pulou fora dos cobertores e fraturou a clavícula. Eu gostava de vê-los brincar juntos e normalmente não me preocupava com eles.

Uma tarde, a campainha tocou e, quando abri a porta, deparei com uma de nossas vizinhas, que morava virando a esquina. Com a mão direita, ela segurava uma das orelhas de Danny e, com a esquerda, uma das orelhas de Abby. Estava branca de raiva e mal conseguia falar. Uma vez que recobrou o fôlego, porém, não conseguia *parar* de falar.

"Vejo que você não tem nenhuma consideração por mim", disse a vizinha em tom lamurioso. "Mandou seus filhos se matarem na frente da minha casa. A polícia obviamente ia imaginar que a culpa é minha. Não tenho intenção nenhuma de passar o resto da vida na cadeia, entendeu bem? Ou você dá um jeito nestes dois ou faço uma denúncia ao Conselho Tutelar da Criança. Melhor ser proativa do que sofrer conseqüências trágicas. Afinal, agora eu sei do que a sua família é capaz!"

Depois de libertar Danny e Abby das garras da mulher, nós nos sentamos juntos na sala de estar, nos acalmamos um pouco e, por fim, conseguirmos entender o que havia acontecido.

Nossa rua era tranqüila, mas a rua em frente à casa da vizinha era movimentada. Num momento de tédio, Danny e Abby desafiaram um ao outro a correr entre os carros sem ser atropelados. Foi essa cena que a vizinha presenciou pela janela da frente de sua casa e que, com toda razão, a deixou tão transtornada. Eu mesma fiquei estarrecida quando soube.

Depois de garantir à vizinha que o episódio não se repetiria, coloquei Danny em um quarto e Abby em outro para meditarem sobre o incidente e telefonei para os pais de Abby. Juntos, resolvemos aplicar o castigo mais severo possível: Danny e Abby não poderiam brincar um com o outro durante duas semanas! Os dois aprenderam a lição e nunca mais desafiaram a sorte nem testaram a paciência de vizinhos e pais com um susto desses!

Pouco demais, tarde demais — novembro de 1987
David estava num congresso em Cingapura e não voltaria a tempo para o Dia de Ação de Graças, de modo que decidi viajar com as crianças. Uma vez que estávamos sempre tentando fazer economia, comprei pas-

sagens de ida e volta de Detroit para Kansas City pela empresa aérea mais barata. Passaríamos o feriado com meus tios e uma família de amigos.

Nosso amigo Steve se ofereceu para nos levar de Port Huron até o aeroporto de Detroit, uma viagem de uma hora e meia, e concordou em nos buscar mais cedo para passarmos num McDonald's e comprarmos um McLanche feliz para cada um, pois a empresa aérea não oferecia serviço de bordo. Na época, eu estava grávida de sete meses de Valerie. As outras crianças estavam com 2, 4 e 6 anos de idade.

Ficamos todos prontos no horário combinado. Esperamos, esperamos, e nada do Steve. Enquanto eu tentava localizá-lo, ele apareceu e disse que havia perdido a hora. Joguei as malas e as crianças no carro e implorei a Steve que dirigisse o mais rápido que pudesse. Uma vez que nossas passagens eram não-transferíveis, não-reembolsáveis, nunca-mais-utilizáveis, se perdêssemos o vôo não teríamos como viajar no feriado prolongado.

No caminho, as crianças obviamente me lembraram da promessa de comprar um McLanche feliz para cada uma. Esperavam aquela ocasião especial havia tempo, pois costumávamos levá-las ao McDonald's apenas em aniversários. Pedi a Steve que parasse assim que visse um McDonald's sem fila no *drive-thru*. Compramos três *McLanches* e saímos a toda velocidade. Com muita dificuldade, convenci três criaturas famintas a esperar até embarcarmos para comerem o lanche.

Chegamos ao aeroporto cantando pneus, saltamos do carro e corremos para o balcão de *check-in*. Era tarde demais para despachar a bagagem naquele vôo e quase tarde demais para embarcarmos. A atendente olhou para nós com ar de desprezo e disse que pediria ao piloto para deixar a porta da aeronave aberta por mais cinco minutos. Claro que, por ser a empresa mais barata, o portão de embarque era o mais distante dos balcões de *check-in*. Rachel estava no carrinho, com seu lanche no colo e bolsas penduradas dos dois lados. Coloquei uma mochila e uma bolsa nos ombros, mandei Karis e Danny agarrarem a barra do meu casaco com uma das mãos e o lanche com a outra mão e gritei: "Crianças, vamos ter de *correr*". A atendente só olhou para nós e balançou a cabeça.

Saímos em disparada, desviando de pessoas e carrinhos elétricos que buzinavam para nós, sem nos oferecer carona, correndo tão rápido quanto podíamos. Momentos depois, fomos obrigados a interromper nossa corrida frenética. Sacudidos de um lado para o outro, os copos de refrigerante vazaram e as caixinhas coloridas de papelão começaram a se desmanchar. Empilhamos os lanches molhados de Danny e Karis junto com o de Rachel em seu colo. Enquanto voltávamos a correr, Rachel agarrou as três caixas com um brilho nos olhos, ciente da importância de sua missão.

Claro que, por se tratar de uma linha aérea econômica, quando chegamos ao último portão do corredor descobrimos que teríamos de descer dois lances de escadas, passar por uma porta, correr pela pista do aeroporto e subir as escadas estreitas do avião. Foi lindo... Uma criança de 2 anos, outra de 4 e mais uma de 6, carrinho de bebê, malas, sacolas, mochilas, os preciosos lanches molhados e a comissária de bordo no alto da escadinha nos olhando com ar de espanto.

Verdade seja dita, ela esperou até que entrássemos para fechar a porta do avião, mas sua generosidade não passou disso. Encaramos um avião cheio de rostos carrancudos, pessoas irritadas porque o vôo estava com atraso de cinco, dez ou sei lá quantos minutos. Como em todas as empresas baratas na época, não havia lugares marcados e, portanto, encontramos apenas assentos separados. A comissária indicou quais assentos estavam desocupados, mas não pediu a nenhum passageiro para trocar de lugar comigo de modo que eu pudesse me sentar perto das crianças. Acomodei Danny e seu lanche ensopado no primeiro assento, com instruções expressas para não abrir o lanche antes da decolagem. Fiz o mesmo com Karis alguns bancos mais para trás e, obviamente, o único lugar restante para mim e Rachel era bem no fundo da aeronave.

Tive de esticar o cinto de segurança ao máximo para poder fechá-lo em volta de mim, do bebê em minha barriga e de Rachel no meu colo. Nunca vi um cinto tão complicado e sem disposição de colaborar.

Quando finalmente a fivela fez "clique", ouvi um suspiro geral de alívio e a comissária deu início às explicações de rotina enquanto o piloto taxiava pela pista. "Bem-vindos ao vôo sem escalas para DesMoines..." Um burburinho desesperado percorreu a aeronave.

"*Brincadeirinha, pessoal;* bem-vindos ao vôo para Kansas City..." Inacreditável.

Assim que pudemos tirar o cinto de segurança, sentei Rachel em meu banco e entreguei-lhe suas batatas fritas moles, salvas por uma boa dose de *ketchup*. Andando com dificuldade pelo corredor apertado, cheguei ao assento de Karis para ajudá-la a desembrulhar seu hambúrguer afogado em Coca-Cola, um problema igualmente contornável com uma boa dose de *ketchup*. Por fim, cheguei à parte da frente para ver o que havia sobrado do tão esperado lanche de Danny. Quando consegui voltar para Rachel, como era de esperar, ela havia espalhado *ketchup* por todos os lugares possíveis e imagináveis. Depois de limpá-la e tentar, inutilmente, limpar o assento e o chão, dei-lhe giz de cera e um livro para colorir. Corredor acima, ajudei Karis a juntar os restos de seu lanche melecado e encontrar seus gizes de cera e seu livro para colorir. Depois foi a vez de Danny. Quando consegui jogar o lixo grudento no cesto da toalete e me arrastar de volta até Rachel, começaram os procedimentos de pouso. Lá fui eu ajudar Karis e Danny a fechar as mesinhas, ajeitar o banco, apertar o cinto de segurança e guardar os livros e o giz de cera. Aos trancos e barrancos, consegui voltar para meu lugar e prender o cinto ao redor de Rachel e do meu "colo".

"Quando aterrissarmos, não saiam do lugar", eu havia instruído Danny e Karis expressamente. "Deixem todas as pessoas saírem e esperem por mim." Quando todos os passageiros haviam desembarcado, pedi a Rachel que ficasse sentada *bem quietinha* enquanto eu juntava nossas coisas. Danny e Karis me olhavam de seus assentos distantes no avião vazio, e a comissária dava sinais de impaciência junto da porta de saída, e eu reconstituí a combinação carrinho/Rachel/malas/bolsas/mochilas e, felizmente, menos três lanches gosmentos. Já havia me certificado de que em Kansas City desembarcaríamos pela rampa de um dos *fingers*, e não pelas escadinhas.

Quando consegui tirar a última bolsa do compartimento de bagagem acima do banco, ouvi uma voz dizer pelo alto-falante: "Ninguém vai ajudar a gestante e sua creche?".

Um pequeno raio de luz — abril de 1987
Não posso deixar de contar um episódio relacionado a Valerie. David e eu estávamos nos preparando para ser missionários no Brasil. Para David, três filhos eram o número perfeito, pois os três cabiam em nossa casa de dois dormitórios e num carro de tamanho normal. Além disso, seria mais fácil administrar o lar e mudar de cidade com uma família de cinco pessoas. Por mais que eu desse razão a ele e tentasse transferir a lógica da mente para o coração, o desejo de ter outro filho era cada vez maior. Nossa família ainda parecia incompleta.

Por fim, David decidiu jejuar e orar por uma semana e pedir a orientação de Deus quanto a termos mais um filho. Se a resposta fosse sim, quanto antes o bebê viesse, melhor. No final da semana de jejum, meu marido informou-me de sua convicção de que não devíamos ter mais filhos.

Na semana seguinte, descobri que estava grávida e, portanto, já estava esperando o bebê quando David começou seu jejum. Posso garantir a vocês, como garanti a David, que não engravidei de propósito! Deus simplesmente queria que Valerie fizesse parte de nossa família.

David chegou à conclusão de que Deus o havia orientado a não ter mais filhos *depois deste*. E, mais que depressa, agendou com o médico a data da vasectomia.

Depois que Valerie nasceu, nunca mais senti aquele anseio por outro filho. Nossa família estava completa. Apesar da decepção inicial de Danny por ter ganho *mais uma* irmãzinha, não posso imaginar o que seria de nós sem ela. Enquanto os outros membros da família têm a tendência de levar tudo muito a sério, Valerie é alegre, divertida e risonha. Sempre foi capaz de ver o lado engraçado das circunstâncias e de se manter firme em seu otimismo mesmo nos dias mais difíceis. No ensino médio, seus colegas a apelidaram de PRDL, "Pequeno Raio de Luz", uma descrição apropriada do brilho que ela confere a todas as situações.

A boneca de neve — uma tarde de inverno de 1989
Quando morávamos em Illinois, viajávamos de vez em quando para Michigan a fim de colher amoras. Quando nos mudamos para Michigan, continuamos colhendo amoras e descobrimos várias outras diversões em família. A cidade de Port Huron fica na extremidade sul do lago Huron, onde ele desemboca no rio St. Clair em direção a Detroit. A ponte Bluewater, sobre o rio St. Clair, faz ligação com a cidade de Sarnia, no Canadá, e com várias atrações na província canadense de Ontário: as peças de Shakespeare em Stratford, os jardins com atrações para crianças na cidade de London, o maravilhoso museu interativo em Hamilton, o caminho mais curto para as cataratas do Niágara e, todo Natal, uma exposição incrível de esculturas de gelo junto do rio em Sarnia.

Grande parte do lazer em Port Huron girava em torno do lago, até mesmo no inverno. Alguns amigos nossos faziam parte do Clube dos Ursos-Polares. Seus membros assumiam o compromisso de entrar no lago ou no rio pelo menos uma vez por mês, todos os meses do ano, mesmo que fosse preciso abrir um buraco no gelo. Outros cidadãos intrépidos se acomodavam nas margens do rio e pescavam nas águas geladas.

Assim que o gelo se derretia na primavera, os barcos apareciam. Muito antes de a água atingir uma temperatura própria para nadar, nossos filhos planejavam junto com os coleguinhas as atividades que fariam no lago e arredores. Nossos amigos Bill e Jacque gostavam de nos levar para passear de lancha, e nós aceitávamos o convite de bom grado. Além de rebocarem as crianças em *banana boats* pelas águas geladas, eles deixavam Danny pilotar o barco no meio do lago.

O verão era a alta temporada das diversões aquáticas. O festival de Bluewater atraía sofisticados barcos a vela vindos de lugares distantes para a corrida de Port Huron a Mackinac, o maior evento mundial de embarcações a vela em água doce. Um dos ritos de passagem que David se sentiu na obrigação de cumprir foi a travessia a nado das águas impetuosas do rio St. Clair. Quando ele e dois amigos chegaram à outra margem, descobriram que a correnteza os havia arrastado quase um quilômetro rio abaixo.

Com a chegada do outono, a água ficava fria demais e voltávamos nossa atenção para as atividades em terra firme. Em meio às folhas que mudavam de cor e começavam a cair, fazíamos passeios em carroções cheios de feno que nos levavam até pomares para colher maçãs e comer o bolo feito dessas frutas mais gostoso que já provei. Tentei várias vezes reproduzir a receita em casa, mas nunca saiu igual ao bolo servido junto do pomar.

Nossa primeira casa em Port Huron ficava bem perto da beira do lago onde fazíamos piqueniques sempre que possível. David adorava observar as mudanças do tempo e, quando uma tempestade particularmente intensa se aproximava, ele me levava para junto do lago, onde podíamos ver as ondas quebrando na praia e sentir a força do vento e da chuva.

Apesar de gostarmos demais daquela casa com lareira e fácil acesso ao lago, tinha apenas dois dormitórios. Quando descobri que estava grávida de Valerie, começamos a procurar uma casa maior. No final do verão de 1987, mudamo-nos para um sobrado do outro lado da cidade. O porão se transformou num excelente espaço para as crianças brincarem nos dias de tempestade e frio intenso. Eu não deixava David levar as crianças para ver as tempestades, mas não consegui evitar que brincasse com elas nas ondas do mar desde que eram bebês.

Danny não demorou a descobrir que podia sair pela janela do quarto de casal, no segundo andar, e subir no telhado. Só fiquei sabendo que ele e Karis brincavam lá algum tempo depois, numa tarde de neve no meio do inverno. Nessa ocasião tentavam encontrar um modo de escorregar do telhado e cair num monte de neve sem se machucar, e então Danny teve uma idéia diferente. Adorava fazer bonecos de neve. Quanto maiores fossem, melhor, mesmo quando seus projetos ambiciosos exigiam uma escada para fixar e decorar a cabeça do boneco.

Dessa vez, porém, Danny resolveu fazer um boneco pequeno, porém vivo. Ajeitou Karis numa pose sobre o telhado e cobriu-a inteiramente de neve. Satisfeito com sua obra de arte, instruiu a irmã a não se mover enquanto ele buscava a câmera para tirar uma foto dela. David estava viajando e levara a câmera consigo. Depois de muito procurar, Danny acabou se distraindo e se esqueceu de Karis.

Descobri o que estava acontecendo quando chegou a hora do jantar e Karis não apareceu. A pobre e obediente bonequinha de neve havia permanecido imóvel e esperado, esperado e esperado seu irmão voltar. Apesar das roupas quentes, quando a resgatamos ela parecia quase um boneco de neve de verdade. Desse dia em diante, a mamãe malvada acabou com as brincadeiras no telhado.

Os óculos de sol — verão de 1989

Não muito longe de nossa segunda casa em Port Huron havia um lindo parque. Para chegar lá, porém, era preciso atravessar as avenidas Griswold e Oak, vias de mão única extremamente movimentadas. David usava o carro para trabalhar em Detroit e, portanto, as crianças e eu andávamos bastante. Não era nada fácil atravessar as duas ruas, pois o semáforo não ficava fechado por tempo suficiente para Rachel pedalar até o outro lado com seu triciclo. E eu não conseguia empurrar o carrinho de bebê e ajudar Rachel a tempo. Era como um daqueles problemas de lógica nos quais você precisa resolver como levar todo mundo para o outro lado do rio num barco pequeno, sendo que algumas combinações de passageiros não são permitidas.

Criamos um plano. De um lado da avenida Griswold, eu deixava Karis com sua bicicleta e Rachel com seu triciclo e instruções expressas:

"esperem até eu voltar para buscar vocês". Atravessava rapidamente com Valerie no carrinho e Danny em sua bicicleta. Deixava-o do outro lado cuidando do bebê. Voltava assim que o semáforo de pedestre abria e esperava até abrir *novamente* para empurrar Rachel no triciclo enquanto Karis seguia de bicicleta. Fazíamos a mesma coisa na hora de atravessar a avenida Oak e depois só precisávamos andar mais duas quadras tranqüilas para chegar ao parque. Ficávamos lá até as crianças se cansarem e repetíamos o procedimento no caminho de volta.

O complicado exercício parecia funcionar e, para Danny, o toque de aventura tornava o passeio ainda mais interessante. Um dia, eu estava no meio da avenida Griswold empurrando o carrinho de Valerie quando olhei para trás, como sempre fazia, para me certificar de que estava tudo bem com Rachel e Karis. Dessa vez, porém, para meu desespero vi Rachel pedalando seu triciclo pela faixa de pedestres. Por algum motivo explicável somente pela lógica de uma garotinha de 3 anos, Rachel havia resolvido me seguir e não deu ouvidos às imprecações angustiadas de sua irmã mais velha. Eu sabia que em poucos segundos o semáforo abriria para os carros e os motoristas não conseguiriam ver a pequenina Rachel.

O que você faria numa situação dessas?

Tive tempo de pensar duas coisas — "Não mereço ser mãe" e "Senhor, me ajude!" — antes de um dos motoristas saltar do carro e começar a gritar e agitar os braços de modo a avisar os motoristas das outras faixas para continuarem parados quando o semáforo abrisse. Nosso anjo da guarda e herói conseguiu fazer os carros esperarem enquanto nós cinco atravessávamos.

Sinto um arrepio só de escrever sobre esse episódio. Daquele dia em diante, eu levava Rachel primeiro e, apesar do insulto à dignidade dela, fazia Danny descer da bicicleta e segurar a irmãzinha até que eu atravessasse com Valerie e Karis.

A história que comecei a contar, porém, não tem nada a ver com bicicletas e triciclos. Quando saíamos de casa na direção oposta, rumo ao supermercado e a uma loja de departamentos que ficavam lado a lado, deixávamos as bicicletas e o triciclo em casa, pois não tínhamos correntes para prendê-los enquanto fizéssemos compras. Aquela região não era a mais segura de Port Huron. Numa tarde abafada de verão, os seis quarteirões de nossa casa até o supermercado mais pareciam seis quilômetros. Fizemos um pouco de hora na loja aproveitando o ar-condicionado antes de começar a caminhada de volta, cada um carregando parte das compras.

A dois quarteirões de casa, percebi pela ginga marota no andar de Karis que ela estava aprontando alguma coisa. Qual não foi minha tristeza quando, de debaixo da camiseta, ela tirou um par de óculos escuros de armação roxa e espalhafatosa. Karis tentou explicar que não havia feito nada de errado. "Tinha um monte de óculos desse tipo lá. A loja não precisa deles, mas eu sim. O sol estava incomodando meus olhos, e eu sabia que você não ia comprar para mim. Pensei que ninguém ia sentir falta."

Os quatro quarteirões de volta à loja pareceram quarenta quilômetros. Arrastei o bando de crianças suadas até o balcão de atendimento ao cliente e pedi para falar com o gerente. Quando ele apareceu, informei-o de que Karis tinha algo a lhe dizer. Morta de vergonha, ela entregou os óculos e pediu desculpas pelo que havia feito.

Tivemos de andar de volta para casa e, quando chegamos, o sorvete que havíamos comprado no supermercado estava derretido. Tanto quanto eu sei, nenhum dos meus filhos roubou alguma coisa outra vez. O preço era alto demais.

O corte de cabelo — outono de 1989

Minha querida filha Valerie quase me deixava louca. Desde que nasceu, parecia precisar de menos sono do que eu. De madrugada, começava a cantar no berço e, se eu não a pegava logo, acordava as irmãs, que dormiam no mesmo quarto. Assim que aprendeu a falar, sua frase predileta era "Crianças de 2 anos nunca se cansam", que mais tarde foi adaptada para "Crianças de 3 anos nunca se cansam". Simplesmente se recusava a tirar sonecas durante o dia. De vez em quando, porém, eu a encontrava dormindo pesado debaixo da mesa da sala de jantar, cercada pelos livros de figuras, ou *debaixo* de uma das camas, depois de imaginar que tinha avisado à família que estava brincando de esconde-esconde.

Foi ela quem me disse certo dia que havia aprendido um versículo. Eu costumava ensinar versículos bíblicos às crianças como parte do culto doméstico. O versículo era "Mamães devem comprar uma boneca nova para suas filhas. Salmo onzetenta e nove três".

Com quatro filhos, era impossível manter qualquer coisa em ordem. No inverno, quando eu acabava de colocar touca, luvas, casaco e botas no último da fila, o primeiro precisava ir ao banheiro. No verão, enquanto eu trocava as fraldas de Val perto da piscina, ouvia Danny gritar que sua irmã estava se afogando. Quando eu olhava, uma das meninas estava boiando com o rosto dentro da água no lado fundo da piscina.

Numa sexta-feira qualquer, ouvi alguém bater à porta logo cedo. Era minha amiga Betty, mãe de cinco crianças um pouco mais velhas que os nossos quatro filhos. Seu lema era "Não há motivo para pânico". Depois de dar à luz o quinto filho, Betty começou a perder peso e teve de aprender a sentar-se e comer primeiro e só depois chamar a família para a refeição. Quando começava a ajudar todo mundo, ela mesma não tinha tempo para comer.

Naquela manhã, assim que abri a porta, Betty falou "Só passei aqui para dizer que *as coisas melhoram*. Não desanime" e correu de volta para o carro, onde as crianças estavam esperando!

Naquela noite, David e eu saímos para jantar. Quando voltamos para casa, a *baby-sitter* nos recebeu com uma expressão de espanto. Naquele tempo, não existiam telefones celulares e, como David e eu estávamos caminhando à beira do rio, não havia como entrar em contato conosco. Idéias terríveis de todo tipo me ocorreram antes de a adolescente aflita conseguir nos contar que Karis havia cortado o cabelo.

Erin, a melhor amiga de Karis e vizinha nossa, havia voltado do cabeleireiro com um novo corte bem curto, e Karis achou o máximo. Implorou ao pai que a deixasse fazer o mesmo corte, mas ele adorava os longos cabelos loiros cacheados nas pontas. Diante da recusa, ela decidiu resolver o problema sozinha.

Assim que papai e mamãe saíram, ela pegou sua tesourinha de plástico e se trancou no quarto do irmão. Em algumas partes, cortou as madeixas até chegar ao couro cabeludo, enquanto nas costas ainda havia uma longa mecha que havia esquecido. Na verdade, só contemplei a obra de arte na manhã seguinte, pois as crianças já estavam na cama e David foi conversar com Karis sozinho enquanto eu consolava a *baby-sitter* e a levava para casa. Não sei o que foi dito naquela conversa entre pai e filha, pois, quando voltei, os dois já estavam dormindo.

Na manhã seguinte, enquanto David cuidava dos outros três, levei Karis ao salão de beleza na esperança de que pudessem tornar o corte dela um pouco mais aceitável socialmente. A jovem cabeleireira levou duas horas para realizar essa façanha. Ajeitou Karis na cadeira, apertou o pedal até o assento atingir a altura máxima e depois andou ao redor, estudando a cabeça da cliente por todos os ângulos. Quando Karis começou a ficar irrequieta, a moça lhe deu uma bronca: "Pode parar, mocinha. Depois do que você fez, nem pense em me dar trabalho. Vai ficar sentada feito uma estátua até eu terminar".

Findo o suplício, Karis havia aprendido a lição e se arrependido profundamente de ter usado a tesoura sozinha. No fim, a cabeleireira amoleceu o suficiente para dar um abraço e um pirulito a sua contrita cliente. E, apesar de uma ou outra falha, o corte de cabelo de Karis ficou tão engraçadinho quanto o de Erin.

A arca de Noé — inverno de 1990
Eu estava sentada no sofá lendo histórias com Karis de 6 anos, a pequena Valerie e a prima Claire de 4 anos, enquanto Danny de 8 anos brincava na neve. Como sempre, meu marido estava fora, dessa vez em algum lugar no Caribe. Rachel de 4 anos brincava no andar de cima com sua prima Sarah, de 3 anos. Claire e Sarah estavam nos visitando por alguns dias enquanto seus pais viajavam. A propósito: nossa secadora de roupas não estava funcionando, fato que se tornou mais relevante no final daquela tarde.

A cabecinha cacheada de Rachel apareceu na escada, e ouvi-a perguntar: "Mãe, a gente pode brincar de Arca de Noé?".

As crianças tinham uma arca de plástico, acompanhada de bonequinhos da família de Noé e vários animais. "Claro", respondi tranqüilamente, sem dar atenção à pulga que surgiu atrás da orelha. "Por que ela pediu permissão para brincar com a arca?" Voltei à leitura imaginando que estava tudo bem. *Ledo engano!* Por acaso não era eu uma mãe experiente e que havia tido oportunidades de sobra para aprender que ninguém concorda com algo sem ter absoluta certeza do que se trata? Ainda me recordava daquela vez em que estava tomando chá com uma amiga quando Danny, então com 2 anos, entrou na cozinha e disse alguma coisa incompreensível em claro tom de pergunta. Sem pensar, respondi: "hum", e ele se aproximou de mim e mordeu meu joelho com toda força. Quando gritei, ele me olhou com inocência total, como quem diz: "Você disse que eu podia!".

Por acaso eu me lembrei da sabedoria adquirida por experiências dolorosas como essas quando ouvi a pergunta de Rachel naquela tarde de inverno em Port Huron, Michigan? Não.

Eu deveria ter suspeitado de algo por ter sido Rachel a fazer a pergunta. Suas brincadeiras costumavam ser extremamente criativas. Quando Rachel estava com 8 meses e arrumávamos a mudança de Wheaton para Port Huron, ela esperava que eu voltasse minha atenção para outra coisa e desempacotava rapidamente tudo o que eu havia acabado de colocar dentro de uma caixa ou mala. Certa vez, encontrei-a cantarolando alegremente enquanto passava creme hidratante nas páginas de um de meus caríssimos livros de enfermagem. Besuntava uma das páginas, virava, besuntava outra, virava... Depois que trocamos o papel de parede da cozinha para nos livrarmos de uma estampa de sapinhos verdes e mais sete camadas de papel velho, Rachel revestiu toda a parede do banheiro, até onde alcançava, com papel higiênico molhado na água do vaso sanitário. Um dia, ela abriu o armário de jogos, tirou de dentro todas as caixas de quebra-cabeças e esvaziou-as, uma a uma, formando uma montanha de peças no chão. (Sim, eu *tive* a capacidade de separar todas as peças e guardá-las no devido lugar depois de colocar Rachel na cama!)

Quando as meninas no sofá se cansaram das histórias, subi para usar o banheiro e, como você já deve ter adivinhado, ouvi um barulho engraçado de água quando pisei no carpete. Afinal, como todo mundo jamais se esquecerá, não é possível brincar de arca de Noé *de verdade* sem um dilúvio, certo? Também não vou me esquecer nunca da lamentação de Rachel: "Mãe, você deixou!".

As duas garotinhas encontraram dois baldes de brincar na areia guardados em um dos armários e trabalharam com afinco e persistência nunca vistos, antes ou depois daquilo, para inundar todo o andar de cima: todas as camas, até o colchão, exceto a parte de cima do beliche, todo o chão acarpetado e tudo o que estava no chão. Como foi que não ouvi o barulho de água correndo na banheira? Essa é uma das primeiras perguntas que vou fazer no céu.

Conforme você deve se lembrar, a secadora de roupas não estava funcionando, meu marido fora viajar e eu ficara em casa, num fim de tarde de inverno, com seis crianças e nenhuma roupa de cama seca, a não ser a da parte de cima do beliche. O que faríamos na hora de dormir? Apesar de não haver mais nenhum lençol limpo, tínhamos dois sacos de dormir. Abri-os um em cima do outro para forrar o chão de um canto do porão, já que era acarpetado, ao contrário da parte térrea da casa, que era de piso frio. Pus o aquecedor para funcionar a todo vapor, coloquei as seis crianças em cima dos sacos de dormir e cobri-as com a roupa de cama da parte de cima do beliche. (Sinto muito, mas nada de travesseiros. Eis uma lição importante sobre as injustiças da vida. *Eu* durmo com o travesseiro do beliche, pois tem só um travesseiro seco e eu sou uma só, enquanto vocês são seis...) Por fim, quando todos sossegaram e pararam de fazer cócegas uns nos outros, pegamos no sono. Todos dormiram e todos sobreviveram.

Como sequei os restos do dilúvio? Não me lembro e não faço questão de me lembrar, pois não tenho a mínima intenção de repetir a experiência. De vez em quando, porém, quando vejo um arco-íris, eu me recordo com nostalgia de nosso dilúvio particular.

O MANÁ E AS CODORNIZES
1987 a 1992

David se apaixonou pelo Brasil em sua primeira visita, em 1984. Nascido e criado na Bolívia, sempre imaginou que viveria num país de fala espanhola, mas o Brasil passou a exercer uma atração irresistível sobre ele. Pela providência de Deus, ainda levaríamos seis anos para nos mudar para esse país. Não podíamos fazer nenhum plano mais sério enquanto o estado de saúde de Karis não melhorasse. Entrementes, David continuou a visitar o Brasil pelo menos uma vez por ano.

O espantoso episódio do triciclo naquela manhã de abril de 1987 nos convenceu de que Karis estava bem e que Deus nos dava o sinal verde para procurar uma missão. Nosso desejo era encontrar uma organização que valorizasse a responsabilidade, o trabalho em equipe e a família. Minha irmã Jan e seu marido, Steve, estavam muito contentes com a organização missionária da qual faziam parte, de modo que, em janeiro de 1988, David e eu, que estava grávida de oito meses e meio de Valerie, nossa última filha, fomos à Califórnia para conhecer melhor a OC International. Durante a entrevista, deixamos claro qual era nosso maior medo. O que aconteceria se Karis adoecesse novamente e não encontrássemos os recursos necessários para cuidar dela no Brasil. A missão informou que daria total apoio no cuidado de nossos filhos, quaisquer que fossem suas necessidades. Era a garantia de que precisávamos. Naquele verão, a família inteira, inclusive Valerie, então com 5 meses, retornou à Califórnia para dez semanas de treinamento na sede da OCI.

Os meses subseqüentes foram agitados. Procuramos pessoas que nos sustentassem em oração e financeiramente e demos entrada nos papéis do visto. Seriam semanas tumultuadas de viagens, visitas à igreja, preenchimento de formulários e entrevistas no consulado brasileiro em Chicago. Em pouco tempo havíamos formado um grupo de mantenedores e começamos a fazer as malas na esperança de chegar a tempo de Danny e Karis começarem as aulas na Pan American Christian Academy (PACA), uma escola cristã em São Paulo, em agosto de 1989. O processo para obtenção do visto, contudo, se arrastou por vários meses. Estávamos sempre de prontidão para partir assim que o consulado nos permitisse.

Durante o período de espera, Karis continuava a crescer normalmente e a desenvolver várias habilidades e interesses e, por vezes, mostrar certa obstinação e os primeiros traços de seu caráter. Certo dia, no jardim-de-infância, a bolsa da ileostomia se soltou enquanto ela brincava durante o recreio, gerando uma situação embaraçosa para ela e seus colegas. Quando se recuperou da vergonha e da reação negativa das outras crianças, Karis veio conversar comigo: "Sabe qual é o problema, mãe? Eles não entendem. Você pode ir à escola comigo e explicar aos meus colegas por que eu uso essa bolsa?". A própria Karis mostrou às crianças algumas de suas cicatrizes e lhes disse que eram sinal de que Deus a amava, pois ela poderia ter morrido, mas Deus usou médicos, cirurgias, sondas e ileostomias para ajudá-la a viver.

Um dia, quando estava na primeira série, Karis chegou da escola extremamente chateada, pisando duro e batendo portas. Sua queixa era simples: "Nossa língua não faz sentido, mãe! Não é justo! Por que eles inventam regras só para quebrar depois?".

Ainda na primeira série, trouxe para casa um boletim com notas de matemática baixas e um bilhete da professora expressando sua insatisfação. Depois de ler o bilhete, perguntei o que estava acontecendo. "Matemática é uma matéria muito chata. Quantas vezes eu preciso dizer para a professora que 2 mais 3 é igual a 5 e 3 mais 4 é igual a 7? Nem leio os problemas; é uma perda de tempo. Escrevo o primeiro número que me vem à cabeça, entrego logo a folha de exercícios e tenho mais tempo de ler meu livro." Com grande relutância, ela concordou, por fim, em fazer o que a professora pedia e lhe dar as respostas corretas.

Karis e Rachel adoravam sua irmãzinha e não se cansavam de brincar de boneca com ela. Valerie não se importava se a vestissem, carregassem de um lado para o outro e a incluíssem em todas as brincadeiras. O acontecimento mais traumático da vida de Karis até então foi o dia em que, por acidente, ela deixou uma porta vai-e-vem acertar a cabeça de Valerie, causando um corte que precisou de pontos. Karis ficou mais arrasada do que quando sofreu uma queimadura grave na mão ao colocá-la sobre uma das bocas do fogão elétrico. Era capaz de tolerar sua própria dor física, mas não suportava ver os outros sofrerem.

Vivíamos com as malas semiprontas durante o ano escolar inteiro. Por fim, recebemos nossos vistos. Em junho de 1990, despedimo-nos dos amigos em Port Huron, embarcamos para Miami, com as quatro crianças se recuperando de varicela, e de lá para São Paulo. Danny completou 9 anos no mês em que chegamos ao Brasil. Karis estava com 7, Rachel, com 5, e Valerie, com 2 e meio.

Dedicamos nosso primeiro ano no país ao aprendizado da língua portuguesa, à imersão na cultura e ao cultivo de amizades com brasileiros, evitando contato freqüente com outros norte-americanos. Tanto David quanto eu havíamos sido criados na América Latina, de modo que tivemos menos dificuldade de nos adaptar do que alguns de nossos colegas que nunca haviam morado fora dos Estados Unidos. O mais difícil para mim foi acostumar-me com a cidade. Nunca havia morado em algum lugar com mais de cinqüenta mil habitantes, e São Paulo tinha alguns milhões.

Sempre que precisava enfrentar o trânsito, eu tremia de alívio quando chegava em casa em segurança. Depois de algumas experiências nada agradáveis com meus filhos nos ônibus, porém, concluí que ainda era preferível dirigir. Não era raro ouvirmos histórias de crimes de todo tipo, inclusive de seqüestro, e dizia-se que as crianças loiras eram as mais visadas.

Certa vez, perdi-me na cidade com as crianças. David estava em casa, mas ainda não tínhamos telefone. Demos voltas e voltas sem conseguir encontrar o caminho para nosso apartamento, então Danny disse: "Não se preocupe, mãe. De todas as cidades do mundo, estamos na cidade certa!".

Em nosso primeiro ano em São Paulo, moramos num apartamento perto do Serviço de Evangelização para a América Latina — Sepal, o nome usado pela OCI no Brasil, mas todos os dias nossos filhos tinham de fazer uma verdadeira viagem de ônibus para ir à escola. Começamos a procurar casa num raio de um quilômetro da PACA. Os corretores de imóveis sempre riam quando descrevíamos o tipo de casa que desejávamos e quanto podíamos pagar por ela. Encontramos uma que talvez servisse, mas a equipe da missão nos aconselhou a não comprá-la por questões de segurança. Decepcionados, sujeitamo-nos à sua orientação. Depois de vários meses de oração, a equipe aprovou uma casa grande, a dez minutos de caminhada da escola, à venda pelo valor exato de que dispúnhamos e muito mais bem-localizada do que nossa primeira opção. Foi uma lição e tanto sobre interdependência: confiar na orientação de Deus por meio da sabedoria de pessoas comprometidas conosco.

Mudamo-nos em 19 de junho de 1991, exatamente um ano depois de chegarmos a São Paulo. Naquele dia, faltou energia no prédio e tivemos de carregar tudo, inclusive dois gatos assustados, por nove andares de escada até o caminhão de mudança. A casa nova tinha espaço suficiente para recebermos hóspedes e desenvolvermos vários tipos de ministério. A proximidade da escola foi ótima para todos os nossos filhos, mas seria particularmente importante para Karis no futuro.

No primeiro domingo na casa nova, Deus nos abençoou com uma visita de toda a vizinhança. Quando voltamos da igreja, encontramos nossos vizinhos reunidos em nossa casa depois de arrombar o portão para apagar um incêndio! Servimos sorvete a todos em sinal de gratidão por terem salvo nossa casa de maiores estragos, e desse relacionamento amigável nasceram um grupo de estudo bíblico e um trabalho com crianças do bairro. Alguns meses depois, quando um vizinho foi morto num bar naquela mesma rua, dezesseis moradores de nossa quadra se reuniram para buscar o consolo de Deus. David escreveu uma série de livretos para esses vizinhos e, posteriormente, publicou-a como material de estudo para pequenos grupos.

Naquele tempo, apesar das advertências repetidas sobre assaltos e violência, as crianças ainda brincavam na rua e conversavam na entrada das casas. Fizemos excelentes amizades com nossos vizinhos, e a festa de Natal que oferecíamos a eles e nossos amigos todo ano acabou se transformando numa tradição.

Eu não havia me adaptado muito bem ao apartamento e estava feliz por morar de novo numa casa e sair direto na rua sem ter de esperar o elevador ou manobrar o carro em um estacionamento que mais parecia um labirinto subterrâneo. Logo depois de nos mudarmos, David se lançou de corpo e alma ao ministério e começou a viajar com freqüência novamente. Na primeira vez que fiquei sozinha com nossos filhos em casa, minha mente foi invadida por todos os avisos sobre arrombamentos que havíamos recebido de amigos. Na opinião deles, não deveríamos ter saído de um condomínio de prédios com toda a segurança para morar numa casa. Eu estava tão tensa que não conseguia dormir. O coração disparava com qualquer ruído, e eu imaginava se não haveria alguém tentando arrombar o portão, algo que nossos vizinhos tinham feito com facilidade!

Por fim, caí num sono agitado, mas acordei sobressaltada quando algo grande e pesado acertou meu peito! Era só o nosso gato que eu havia esquecido de colocar para fora antes de me deitar. Quando parei de tremer e consegui rir, percebi o exagero de meu medo. Havíamos nos mudado para aquela casa "por bons motivos", meu marido viajaria com freqüência e eu simplesmente não podia viver com os nervos à flor da pele. Coloquei o gato para fora, ajoelhei-me ao lado da cama e disse a Deus que só voltaria a me deitar quando ele colocasse a paz dele no lugar do meu medo. Sou grata ao Senhor por ele ter honrado esse contrato, pois, em mais de dezesseis anos desde então, nenhum ladrão entrou em nossa casa. Que desperdício de energia emocional teria sido deixar o medo governar nossa vida!

Numa das primeiras viagens de David, o carro derrapou em cascalho numa curva e capotou várias vezes morro abaixo até parar numa árvore. David acabou pendurado de ponta-cabeça, preso pelo cinto de segurança, ouvindo os cânticos de louvor que continuavam a tocar no som do veículo e pensando: "A Debbie vai me matar!". Quando conseguiu sair do carro, viu vários outros veículos mais para baixo cujos passageiros certamente não tiveram a mesma sorte que ele. Subiu o barranco até chegar à estrada e conseguiu parar um ônibus, que o levou de volta à cidade. Um amigo fez a gentileza de colocá-lo num vôo para São Paulo depois de tirar algumas fotos dele todo rasgado e ensangüentado, porém ileso. Daquele dia em diante, pedi que viajasse de ônibus ou avião em vez de se arriscar nas estradas. Desse modo, quando David viajasse eu poderia ficar com o carro que havíamos comprado com o seguro da perda total do outro!

Deus cuidou de nossos filhos e de mim em várias situações estressantes e assustadoras. Tenho uma coleção de "histórias de anjos" dos primeiros anos em São Paulo. Ajuda quando ficamos sem gasolina. Ajuda quando um pneu furou. Ajuda quando, repetidamente, nos perdíamos tentando chegar do ponto A até o ponto B na cidade enorme. Proteção freqüente contra roubos e assaltos. Provisão quando não conseguíamos fazer nosso dinheiro durar até o fim do mês devido às rígidas medidas impostas pelo governo brasileiro para controlar a inflação.

Aos poucos, conseguimos nos comunicar com mais segurança em português e desfrutar o prazer de amizades mútuas e genuínas. O ministério de David cresceu rapidamente e superou tudo o que havíamos realizado até então. Dependíamos inteiramente da provisão diária do Senhor enquanto caminhávamos por território desconhecido, e Deus foi fiel.

Em meio a todos os desafios daqueles anos — encontrar uma organização missionária, formar um grupo de mantenedores, mudar-nos para São Paulo, adaptar-nos a uma cidade gigantesca, a uma nova língua, cultura, amigos, escola, igreja e equipe de missionários, achar, comprar e mudar-nos para nossa casa —, fomos imensamente abençoados com a boa saúde de Karis. Junto com seu irmão e suas irmãs, ela teve tempo de aprender português, fazer amigos brasileiros e se acostumar à nova escola. Em janeiro de 1993, sem nenhum motivo aparente, começou a ter problemas de novo. Mas Deus havia concedido a Karis e a nós um intervalo de seis anos para realizar a enorme transição e começarmos a criar raízes no Brasil.

Mara e Elim
1993 a 1995

Quando nosso avião, vindo da Bolívia, se preparava para aterrissar em São Paulo num dia quente de janeiro de 1993, descobri para minha própria surpresa que me sentia feliz por regressar. Deus estava atendendo ao meu pedido para começar a *gostar* de morar numa cidade do tamanho de São Paulo, e não apenas tolerar, suportar, sobreviver. Tanto quanto sabíamos, Deus havia nos chamado para um longo ministério em São Paulo, e eu desejava me sentir em casa nesse lugar.

Ao mesmo tempo, uma preocupação não me deixava em paz. Nas últimas semanas de viagem, Karis havia começado a vomitar novamente. Era fácil culpar a comida e a água bolivianas ou algum vírus ou bactéria de um ambiente novo, mas eu sabia que estávamos nos iludindo. Nada disso explicava o vômito verde, *cheio de bile,* e o grau de distensão e dor abdominal que Karis, então com 9 anos, tinha voltado a sentir.

Fomos à Bolívia para uma reunião da família Kornfield durante o Natal. Nove primas e Danny, o único neto Kornfield, visitaram Santa Cruz, Cochabamba, La Paz, o lago Titicaca e outros lugares fascinantes. Ao escutar a língua espanhola pela primeira vez, Valerie, então com 4 anos e fluente em português, comentou: "Mãe, por que eles estão falando igual a bebês?". Os pais de David estavam se preparando para se aposentar depois de quarenta anos de serviço missionário na Bolívia e para voltar aos Estados Unidos, de modo que essa reunião em família, nos lugares onde David, seu irmão e sua irmã haviam sido criados, foi um acontecimento muito especial. Bill, o irmão de David, foi o primeiro a descobrir Karis vomitando no meio da noite e tentando não incomodar ninguém.

Logo, Karis não pôde mais esconder que estava doente de novo. No próximo ano e meio, continuou a ir à escola e participar das atividades da vizinhança, como a tradicional fogueira junina. Também não deixou o trabalho de evangelismo infantil em nossa casa, que atraía dezenas de crianças. Com o passar do tempo, contudo, seus sintomas começaram a piorar e nos deixar seriamente preocupados. Eu havia iniciado uma atividade de estudo bíblico e evangelismo na escola das crianças, mas tive de interrompê-la, assim como outras, porque Karis precisava de mais cuidados. Ela ainda se lembra de algumas canções que Rocky, um aluno do ensino médio que morava conosco, cantava para animá-la quando ela não se sentia bem naquela época.

Enquanto eu realizava minhas tarefas diárias, questionava Deus por ele permitir que Karis ficasse doente de novo, justamente quando estávamos começando a nos assentar de verdade e construir a vida no Brasil. Lembrava a Deus que havia confiado Karis aos cuidados dele quando decidimos iniciar nossa aventura missionária. Dizia-lhe que, se ele a havia mantido com boa saúde durante seis anos, podia continuar a fazê-lo! Suplicava por alívio e cura. Angustiava-me com o sofrimento físico que Karis teria de suportar outra vez. Lembrava-o da visão de nossa amiga Jan, na qual Karis estaria *saudável* aos 3 anos de idade, e da maravilha de ter crido nos últimos seis anos que Deus havia cumprido essa visão. Karis *não podia* estar doente outra vez. Não fazia nenhum sentido.

Minhas conversas com Deus pareciam ser inteiramente unilaterais. Apesar de meus argumentos razoáveis e minhas súplicas fervorosas, eu não conseguia ouvir Deus responder nem o via fazer algo para aliviar a dor de minha filha. Karis continuava a piorar. Entramos em contato com dr. P em Detroit e seguimos todas as suas orientações, mas sem resultado.

Um dia, Karis veio conversar conosco muito séria e pediu para não orarmos mais por sua cura. Trazia na mão sua Bíblia, na qual havia lido 2Coríntios 12. Nessa passagem, Paulo relata que pediu a Deus três vezes para remover o espinho de sua carne e Deus negou seu pedido. Karis nos disse que havíamos suplicado muito mais do que três vezes e, a seu ver, Deus estava dizendo não. Pediu que, em vez de orarmos pela cura, orássemos para ela ter força e coragem para honrar a Deus não obstante o que acontecesse. Contrita, adotei sua oração para mim também. Enquanto muitos outros continuaram a rogar a Deus para curá-la novamente, dentro de nossa família procuramos honrar o pedido de Karis. As palavras de 2Coríntios 12:9 se tornaram o princípio norteador da vida dela: "Minha graça é suficiente para você, pois o meu poder se aperfeiçoa na fraqueza".

Enquanto cursava a quinta série, Karis passava mal com tanta freqüência que os professores colocaram cobertores e almofadas no fundo das salas para que ela pudesse se deitar mas continuar presente à aula. Devido a sua necessidade freqüente de vomitar, também recebeu permissão de correr para o banheiro sempre que precisasse sem ter de pedir. Professores me contaram que a viam correr para fora, vomitar na grama, esperar alguns instantes para se recompor e depois voltar tranqüilamente para a sala, como se nada tivesse acontecido.

Graças à disposição dos professores de se adaptar às necessidades de Karis, ela pôde participar das aulas e fazer progresso nos estudos. Às vezes, Karis e eu discutíamos se ela estava bem o suficiente para ir à escola. Karis sempre ganhava e se recusava a faltar. Nesses dias, às vezes conseguia ficar até o fim das aulas, mas, em muitas ocasiões, uma ou duas horas depois eu recebia um telefonema pedindo para buscá-la. Outras vezes, ela acordava se sentindo mal mas melhorava ao longo do dia e ainda conseguia assistir a algumas aulas. Felizmente, morávamos perto o suficiente para ter essa flexibilidade. Karis era extremamente curiosa e absorvia conhecimento como uma esponja enquanto ficava deitada no fundo da sala, com os olhos fechados. Sua grande tristeza era estar doente demais para ir à escola.

Quando voltamos aos Estados Unidos para apresentar nosso trabalho às igrejas e levantar mais fundos para nossa missão durante os meses de junho, julho e agosto de 1994, nosso primeiro compromisso foi uma consulta com dr. P, em Detroit. Ele recomendou nova cirurgia, pois os exames pareciam indicar que, além de não funcionar corretamente, uma parte do intestino estava pressionando o restante. Quando iniciou o processo cirúrgico, porém, descobriu que o abdômen estava repleto de adesões de cirurgias anteriores. Certo de que essas adesões eram a causa dos problemas de Karis, decidiu simplesmente limpá-las em vez de remover mais uma parte dos intestinos. Enquanto estava no hospital, Karis se animou com a visita da palhaça Lolly, que, tempos depois, se tornou amiga de nossa família e se mudou para o Brasil para lecionar na PACA! Uma vez que recebeu alta, Karis participou com toda a empolgação possível das atividades com a família, mas precisava fazer pausas de tempos em tempos para recuperar as forças e parecia sentir mal-estar no estômago com a mesma freqüência de antes.

Foram meses repletos de emoções para todos nós enquanto nos reabituávamos aos Estados Unidos, visitávamos familiares, igrejas mantenedoras e amigos desde a Flórida até Nova York e a região centro-oeste. Lembro-me de um momento engraçado. Depois de sair da toalete no aeroporto de Miami, Valerie, então com 6 anos, correu para mim e disse toda empolgada: "Mãe! Venha ver a mulher que está no banheiro! Deve ser alguém que a gente conhece porque ela fala inglês!". Tivemos alguns dias agradáveis com tios e primos na reunião de minha família em Illinois.

Conseguimos um bilhete aéreo especial para passageiros que não residiam no país que permitia número ilimitado de vôos domésticos durante um mês. Passamos duas semanas na sede de nossa missão, em Colorado Springs, e depois aproveitamos para fazer um passeio só com nossa família no Grand Canyon antes de prosseguir com mais visitas a igrejas mantenedoras, amigos e parentes na Califórnia, no Texas e em Kansas City. A certa altura, nossos filhos enjoaram de viajar de avião.

Era ano de Copa do Mundo de Futebol, um evento importante para nós. Vários missionários de nossa equipe no Brasil também estavam em Colorado Springs na época, e imagino que nos tornamos um tanto chatos devido a nosso entusiasmo com o sucesso da seleção brasileira. Certo dia, na hora do almoço, o presidente da OCI, que já havia morado no Brasil, anunciou que tinha sido preparada uma sobremesa especial para comemorar as vitórias brasileiras e que os missionários que trabalhavam no Brasil poderiam se servir primeiro. O pessoal da cozinha trouxe um enorme bolo decorado com a bandeira brasileira. Não levou muito tempo, contudo, para descobrirmos o trote: a cobertura era maionese tingida de verde, pasta de dente azul e mostarda!

(Um aparte sobre futebol e relações interculturais: em São Paulo, muita gente coloca uma bandeira do Brasil na frente da casa ou no carro e quase a cidade inteira pára nos horários de jogo. Lojas e escritórios providenciam aparelhos de televisão para que clientes e funcionários não percam nem um lance. Cada gol do Brasil é comemorado com fogos. Na Copa de 2002, quando chegamos aos Estados Unidos para outra visita curta, observamos que quase todas as casas tinham uma bandeira norte-americana. Fiquei feliz em ver que, finalmente, o país estava acompanhando o resto do mundo e torcendo por seu time de futebol, que jogaria naquele dia. Só depois nos lembramos de que era dia da Bandeira...)[1]

De volta a julho de 1994: calculamos nossa viagem do Colorado ao Arizona de modo a chegar a tempo para ver o Brasil ganhar da Itália. Atrasados e ansiosos voamos baixo com o carro alugado do aeroporto de Phoenix para o hotel em que ficaríamos hospedados em Flagstaff. Cansados e com muito calor, saltamos do carro e literalmente corremos para a recepção do hotel, onde descobrimos que nosso apartamento ainda não estava desocupado. Em desespero, pedimos que nos deixassem aguardar em qualquer quarto que tivesse televisão e conseguimos assistir ao segundo tempo do jogo histórico!

A beleza do Grand Canyon é deslumbrante. Enquanto David e Danny, então com 12 anos, fizeram uma caminhada até o fundo do cânion, as três meninas e eu pegamos uma trilha mais fácil. Caminhávamos tranquilamente quando, ainda na descida, fomos surpreendidas por um temporal. Em poucos segundos estávamos encharcadas, e a trilha íngreme se transformou numa corredeira. Enquanto eu e minhas

---

[1] A brincadeira tem mais sentido para o público norte-americano, pois nos Estados Unidos muitas pessoas ainda têm o costume de colocar bandeiras na frente da casa nesse dia.

filhas, agora agarradas em mim, nos esforçávamos para não perder o equilíbrio, uma família francesa toda animada fez a curva da trilha e nos viu. Não conseguíamos entender o que diziam, mas a mãe, o pai e o filho adolescente mais velho deram a mão a cada uma das meninas e as ajudaram a subir num pequeno abrigo formado por uma saliência na rocha. Enquanto esperávamos a chuva mais forte passar, Karis aprendeu suas primeiras palavras em francês e se interessou por estudar o idioma daquelas pessoas tão gentis.

Com o último vôo de nosso bilhete, chegamos à reunião da família Kornfield no litoral de Nova Jersey, uma ótima forma de relaxar antes de voltar a São Paulo, em meados de agosto, com duas semanas de atraso em relação ao início das aulas das crianças.

As lutas diárias de Karis não mudaram depois da cirurgia. Com o passar dos meses, ficamos cada vez mais preocupados e decidimos aproveitar as férias de janeiro para levá-la a Detroit. Descobrimos, porém, que era impossível encontrar passagens nessa época do ano.

Bill, irmão de David, e sua família vieram de Buenos Aires para comemorar o Natal conosco. Karis passou a maior parte do tempo deitada no sofá, vendo suas irmãs e primas brincarem. Ainda assim, ela e as irmãs apresentaram uma linda coreografia que criaram para o coro de *Aleluia,* de Haendel, seu presente para o pai.

Na semana depois do Natal, um amigo que conhecia alguém importante numa empresa aérea conseguiu as passagens para nós. No dia 6 de janeiro de 1995, deixei as outras crianças com David em São Paulo e levei Karis de volta ao Hospital Pediátrico de Detroit, onde dr. P realizou a cirurgia que havia planejado para junho do ano anterior. Dessa vez, Karis se restabeleceu bem mais rápido e começou a recuperar a energia e a saúde. Do que me lembro melhor daquele mês nos Estados Unidos é a alegria de Karis ao ver neve outra vez. Até hoje ela se recorda do policial da guarda montada que a deixou dar uma maçã ao cavalo que resfolegava no frio do lado de fora da casa de apoio em que estávamos hospedadas. Uma vez que Karis precisava de algum tempo para se recuperar antes de voltarmos ao Brasil, aproveitamos para visitar os pais de David, que haviam acabado de se mudar para Columbia, na Carolina do Sul.

Ao retomarmos o contato com a comunidade médica nos Estados Unidos em 1994 e 1995, descobrimos algumas informações novas. Creio que foi a primeira vez que ouvimos a expressão "síndrome de pseudo-obstrução intestinal crônica" (Spic), em vez da "hipoganglionose" diagnosticada no hospital de Chicago quando Karis era bebê. Devido à sobrevivência dos bebês com esse problema, possibilitada pelo uso da NPT, a pseudo-obstrução estava se tornando uma síndrome reconhecível. Dr. P nos avisou que talvez ouvíssemos falar de transplante de intestinos como opção de tratamento, mas que não devíamos dar atenção a esses boatos. Em sua opinião, o transplante intestinal jamais seria um procedimento viável.

Durante a cirurgia, em janeiro de 1995, dr. P havia removido várias amostras para biópsia do sistema digestivo de Karis, desde o estômago até o final da porção restante do intestino, a fim de comparar com as biópsias realizadas em Chicago quando ela tinha 5 semanas de idade. Na última consulta em Detroit, antes de voltarmos para São Paulo, ele nos mostrou os resultados. Não tinha ocorrido nenhuma mudança significativa no número ou na estrutura dos gânglios, ou nervos intestinais. Também não havia diferença observável entre os gânglios da segunda seção removida e os da seção do intestino que fora deixada intacta. Diante disso, dr. P nos aconselhou a mudar de perspectiva. Em vez de desanimarmos quando Karis ficava doente, devíamos nos admirar e agradecer pelos períodos em que ela estava bem, pois, tendo em vista a condição em que os gânglios se encontravam, não havia nenhuma explicação lógica para o fato de o intestino funcionar.

Ao ouvir isso, ficamos ainda mais perplexos. Se os nervos de Karis não haviam mudado de aspecto desde as 5 semanas, como seu intestino havia começado a funcionar naquela noite de junho de 1983? E como explicar o intervalo extraordinário de seis anos durante os quais ele pareceu cumprir seu papel normalmente?

Depois que retornamos a São Paulo, passamos vários meses verdadeiramente admirados e gratos ao ver Karis voltar a crescer e se desenvolver. As águas amargas de 1994 foram transformadas em águas doces no início de 1995, e descobrimos as fontes e as palmeiras de Elim, "pois eu sou o Senhor que os cura" (Êx 15:26).

ÁGUA JORRA DA ROCHA
1996 a 1998

Karis, então com 12 anos, aproveitou sua boa saúde para explorar novos interesses, especialmente balé. Também investiu em mais desafios, como lecionar para crianças na igreja e nas reuniões em nossa casa. Para mim, seu bem-estar representou a oportunidade de voltar à vida mais ativa fora de casa e até fazer uma pós-graduação em aconselhamento em um seminário de São Paulo. David, como sempre, vivia num ritmo frenético e, em conseqüência do sucesso do Ministério de Apoio para Pastores e Igrejas (Mapi), continuava a viajar com freqüência. Nossos filhos estavam se desenvolvendo normalmente, e tudo deveria estar bem.

Na verdade, porém, eu não conseguia me livrar da sensação vaga de que eu não estava tão bem assim. Para compensar o tempo perdido, enquanto havia ficado "de molho" com Karis, ou talvez para "acompanhar" David e "fazer minha parte" em nosso trabalho no Brasil, comecei a assumir cada vez mais ministérios e, com o passar dos meses, minha vida adquiriu um ritmo tão acelerado que perdi o rumo. Alimentei a ilusão de que continuava no controle, pois por um bom tempo enganei a mim mesma e todos a meu redor, inclusive meu marido.

Em janeiro de 1996, um ano depois da cirurgia de Karis, acampamos durante duas semanas nas paradisíacas praias de Marataízes, no Espírito Santo, junto com várias outras famílias. Que delícia! Nossa família reunida, desfrutando um ambiente tão normal, tranqüilo e revigorante: palmeiras, areia branca, o mar azul de água morna, água-de-coco vendida na praia, frutos do mar fresquinhos, as crianças correndo com os amigos o dia inteiro e reunidas com os adultos para o jantar comunitário seguido de histórias, jogos e cânticos ao som das ondas.

O que poderia haver de errado nesse cenário idílico em que nossas maiores preocupações eram manter uma boa camada de protetor solar e decidir se alugaríamos ou não *banana boats*? Não havia nada de errado, exceto os acontecimentos antes de sairmos de São Paulo e o que nos esperava quando voltássemos para casa. Eu estava prejudicando a mim mesma por não saber como expressar a David a angústia que sentia.

Nas últimas semanas de 1995, tivemos alguns diálogos como este:

— Deus me deu a visão de um novo ministério maravilhoso! O que você acha? — disse-me David.

— Acho que não é hora de assumirmos mais compromissos. Não posso me comprometer agora... Ainda não. Vamos esperar mais um pouco. Daqui a alguns meses, quando terminar a pós-graduação, terei mais tempo e disposição.

— Creio que podemos começar agora. Algumas pessoas estão pedindo para começarmos logo. Ore sobre o assunto e voltaremos a conversar em uma semana, respondeu-me ele.

Quando retomamos o assunto, disse a David:

— David, sinto muito. Creio que é uma excelente idéia, mas não tenho como lidar com mais um projeto agora. Espere só mais alguns meses.

— Podemos pedir a Deus que nos oriente da seguinte forma: vou perguntar a uma amiga se ela está disposta a ajudar. Se ela disser sim, começamos o trabalho; se ela disser não, vou entender como uma confirmação de Deus para o seu desejo de esperar — foi a resposta de David.

Ele conversou com nossa amiga, e ela concordou em ajudar. David entendeu como um sinal de Deus para prosseguirmos com o trabalho. Começou a planejar e convidar pessoas para o primeiro evento, a ser realizado alguns dias depois que voltássemos das férias. David estava empolgado. Eu não. Na verdade, se eu tivesse me permitido reconhecer meus sentimentos, teria dito que me sentia traída e manipulada, profundamente desrespeitada e desvalorizada. Mas, como sempre, em vez de reconhecer o que estava sentindo, procurei me disciplinar e ser uma esposa e uma serva de Deus mais abnegada.

Enquanto todos brincavam e aproveitavam a maravilhosa liberdade daqueles dias de verão em Marataízes, eu me sentia deprimida. Sempre que não estava diretamente envolvida em atividades com os outros, trabalhava nos preparativos para o evento programado.

Antes de sairmos em férias, havia seis participantes inscritos para tal evento, de modo que resolvemos realizá-lo em nossa casa. Duas semanas depois, quando voltamos de Marataízes, descobrimos que havia 36 participantes de vários lugares do Brasil inscritos. Para David, isso representou, evidentemente, uma confirmação de que estávamos no rumo certo. Para mim, significou me desdobrar em mil para cuidar da hospedagem e da alimentação de toda essa gente, pois os locais de eventos que conhecíamos estavam todos reservados para retiros de férias.

Foram dias de trabalho intenso, mas várias pessoas ajudaram. O evento foi um sucesso espetacular e deu início a um ministério fabuloso que tem ajudado centenas de pessoas do Brasil inteiro e de outros países. Os livros que David escreveu como material de apoio para esse ministério se tornaram *best-sellers* nacionais. Sem dúvida, Deus abençoou. O mais natural seria eu estar vibrando. Afinal, nós nos mudamos para o Brasil com o propósito de transformar vidas, e era exatamente isso que estava acontecendo.

Em vez de estar empolgada, contudo, eu me sentia deprimida, confusa e magoada. Foi uma das poucas vezes em dezoito anos de casamento em que tentei expressar uma opinião importante contrária à de David e tive a impressão que ele não me deu ouvidos nem se preocupou com o motivo de eu me sentir daquele modo. Mas por que ele deveria levar minhas palavras a sério? Eu havia me tornado especialista no jogo da "vida cristã vitoriosa e bem-sucedida" e sujeitado todos os desejos e as angústias pessoais a uma vida de serviço. Estava frustrada, mas não tinha recursos para lidar com minha frustração. Não sabia como articular minhas próprias necessidades. Na única vez em que tentei, fui ignorada. E tudo indicava que até Deus havia tomado partido de David.

Eu conhecia apenas uma forma de lidar com minha confusão e minha frustração: trabalhar com maior afinco, correr e fazer mais coisas com total perfeição. Na época, não tinha consciência de minhas motivações, mas hoje entendo que, em parte, esperava conquistar o respeito de meu marido (e de Deus?) de modo que, *se realmente precisasse* dizer não, alguém me ouviria.

Desenvolvi padrões absurdos de pensamento e comportamento e me esforcei tanto para ser a esposa-mãe-missionária ideal que quase me convenci disso. No final de 1996, contudo, Karis começou a passar mal outra vez. "Não é nada grave", pensei. "Sabemos lidar com a situação." Quando Karis piorou, entrei em contato com dr. P e, mais uma vez, tentei seguir sua orientação. Procurei não me preocupar excessivamente com os sintomas de Karis, não deixar que seu estado de saúde afetasse meu ministério. Comecei a desejar que tivéssemos um médico em São Paulo, mas nunca sobrava tempo nem energia para procurar um profissional adequado.

No início de 1997, cheguei a um ponto da pós-graduação em que tive de escolher o tema da tese. Em minha inocência, escolhi um assunto que pretendia pesquisar de qualquer forma. Num período de três meses, treze mulheres haviam me procurado para falar sobre abuso sexual sofrido na infância. A maioria nunca havia compartilhado essa parte sombria e dolorosa de sua vida com ninguém antes. Em lugar de apenas chorar com elas quando encontravam coragem para tentar expressar o inexprimível, eu desejava aprender a ajudá-las. O mais estranho é que, ao ouvir aquelas mulheres, eu me identificava com elas e sentia como se relatassem a minha história, não com relação a abuso sexual de modo específico, mas ao contexto familiar que muitas delas, de origens diferentes, pareciam ter em comum. Essas questões se tornaram extremamente pessoais para mim.

Quando comecei minha pesquisa, descobri logo de início que não havia muitos textos disponíveis em português. Comecei a vasculhar as bibliotecas de colegas missionários e encomendei livros norte-americanos. Lia tudo o que conseguia encontrar sobre o tema e escrevi uma tese de 120 páginas que consistia, basicamente, em um resumo de todo esse material e da proposta de um ministério nessa área. Entreguei a tese pouco antes de partir para uma curta visita aos Estados Unidos, em 1997, e recebi de meus professores uma série de recomendações de acréscimos e a sugestão de transformar a tese em um livro. Deixei tudo isso para trás quando iniciamos os dois meses de programação intensiva de viagens e reuniões com nossas igrejas mantenedoras nos Estados Unidos.

Antes de sair de São Paulo, porém, ocorreu um episódio do qual não consegui me esquecer nem mesmo durante a correria da viagem. Ouvi a campainha e fui abrir a porta para uma mulher que havia pedido aconselhamento. Valerie, com 9 anos, veio correndo da sala de estar, gritando: "Se você deixar mais uma pessoa entrar, eu vou embora! Isto aqui é nossa casa, não um centro de ministério!". Subiu as escadas chorando e bateu a porta do quarto. Depois que a mulher foi embora, Valerie agiu como se nada tivesse acontecido e se recusou a falar sobre o ocorrido. A mensagem, porém, não podia ser mais clara e repetia uma explosão anterior de nosso filho adolescente: "Será que o papai não pode conquistar o Brasil *depois* que eu sair de casa?".

Precisávamos fazer algumas mudanças, mas eu não sabia por onde começar. Quando nos distanciamos um pouco da vida frenética no Brasil, descobri que estava completamente exausta. Em julho, tivemos um momento inesperado de catarse. Estávamos em Colorado Springs apresentando nosso relatório aos representantes da equipe administrativa da missão. Minha idéia era apenas sorrir e demonstrar apoio à impecável apresentação que David havia preparado sobre nosso ministério e, de fato, consegui desempenhar meu papel com sucesso. Mas, de repente, um dos membros da equipe virou-se para mim e começou a fazer várias perguntas incisivas. Sem nenhuma premeditação, enquanto David me olhava aturdido, vi-me dizendo coisas do tipo: "Sinto-me sobrecarregada no Brasil. Não posso continuar vivendo desse jeito. Nem sei ao certo se desejo voltar para o Brasil. Não quero causar problemas a David nem a nossa família, mas não tenho mais forças. Perdi o contato com Deus e me sinto a maior hipócrita do mundo. Cansei dessa história de ser missionária".

Se, em algum momento, eu tivesse cogitado esse discurso, o que não havia ocorrido, imaginaria que os líderes da missão iam responder com exortações para eu "deixar de frescura e tomar jeito". Em vez disso, porém, para meu espanto e minha consternação, a equipe passou uma hora traçando um plano sério e abrangente para tratar do colapso. Depois de considerarem a possibilidade de nos manter nos Estados Unidos para um período de descanso, preferiram nos mandar de volta ao Brasil com a condição de que, durante seis meses, eu deixaria todos os ministérios com que estava envolvida, me dedicaria exclusivamente a cuidar de mim mesma e de minha família e receberia aconselhamento formal!

Tanto David quanto o líder da equipe missionária no Brasil e o pastor de nossa igreja em São Paulo apoiaram o plano, a nosso ver, radical. Uma das maiores dificuldades foi avisar as vítimas de abuso com as quais eu estava trabalhando que teria de suspender o aconselhamento. Graças ao apoio e ao encorajamento que recebi para me tornar uma "desocupada", como eu me via sem todas as atividades externas, pude lançar-me à tarefa extremamente difícil de tratar de questões pessoais. Em pouco tempo, as mudanças enormes em meu estilo de vida e as coisas que estava aprendendo sobre limites e repetição de padrões da estrutura familiar da infância em nossa família atual começaram a se refletir de forma significativa na vida de meu marido. Os primeiros seis meses se transformaram em um ano e, depois, em um ano e meio, até que a liderança da missão considerasse que eu estava pronta para "voltar ao trabalho".

Ao olhar para trás, é fácil perceber como o trabalho árduo com as questões interiores durante essa pausa trouxe inúmeros benefícios para mim mesma, o casamento, nossos filhos e o ministério. Com relação a Karis, também foi um tempo providencial. Havíamos feito uma consulta com dr. P em Detroit em junho, mas saímos de lá sem nenhuma grande novidade. De volta ao Brasil, sua situação piorou no segundo semestre de 1997. Quando entramos em contato com o consultório em Detroit novamente para pedir orientação, descobrimos que dr. P havia se aposentado!

Fiquei desconsolada. De algum modo, imaginei que ele sempre estaria à nossa disposição quando precisássemos de ajuda. O médico que ficou no lugar do dr. P conhecia Karis havia tempo, mas não desejava assumi-la como paciente. Disse-nos com toda a franqueza que não sabia como ajudá-la. Eu não podia acreditar que estávamos em outro país e não tínhamos ninguém para ajudar nossa filha. Para meu estado emocional e espiritual fragilizado, o obstáculo pareceu insuperável.

Comecei a procurar em São Paulo um médico que entendesse as necessidades de Karis e estivesse disposto a auxiliá-la. Depois de visitas a vários profissionais que nos foram recomendados, todos excelentes em suas áreas, ficamos cada vez mais frustrados. Ninguém sabia o que fazer por ela. Em mais de uma ocasião ouvimos médicos expressarem surpresa por alguém com esse problema estar tão bem.

Com o passar dos meses, o estado de Karis piorou e minha crise pessoal se intensificou. Eu não conseguia encontrar Deus. Não sabia mais por que estávamos no Brasil, um lugar onde a vida de minha família parecia se encontrar em perigo. Então, eu me lembrava de que os médicos dos principais hospitais pediátricos dos Estados Unidos também haviam dito que não sabiam como ajudá-la. David viajava continuamente e, apesar de sempre tratar Karis com grande carinho, deixava os cuidados com ela inteiramente em minhas mãos. Quando alguém nos encaminhou ao dr. G, em julho de 1998, eu estava desesperada. Nosso abalado casamento sobreviveu àquela crise graças à fé e à tenacidade de David.

Dr. G foi um presente de Deus para nossa família. Não é certamente nenhum exagero dizer que ele foi maravilhoso com Karis e comigo, tanto no trato profissional quanto no pessoal. Nossa dívida de gratidão a ele é incalculável. Dr. G nos mostrou que a prática da medicina pode ser ao mesmo tempo ciência e arte.

Durante os meses de procura por um médico, pesquisei na internet e identifiquei os cuidados de que, a meu ver, Karis necessitava. Consultei a distância o dr. F, um gastrenterologista do Hospital de Riley, em Indiana, e ele concordou com minha análise. Doutor G, em São Paulo, havia lido os artigos do dr. F em revistas médicas, de modo que já possuía a base para formar uma relação de trabalho a distância. Juntos, eles cuidaram de Karis e nos deram, em uma situação extremamente desanimadora, esperança.

Entrementes, cheguei muito perto de um colapso emocional. Por meio da ajuda de conselheiros afetuosos, de alguns excelentes livros[1] e da intervenção restauradora de Deus, comecei a encontrar novos alicerces para reconstruir minha vida, meu casamento, minha família e, no devido tempo, meu trabalho.

---

[1] Especialmente Henry CLOUD e John TOWNSEND, *Limites*. São Paulo: Vida, 2001.

Pausa para uma história de Natal
Agosto, 1999

Apesar de ter ocorrido em agosto, sempre penso neste episódio como uma história de Natal, pois me ensinou muita coisa sobre a Encarnação.

Depois que nosso filho se formou no ensino médio, na PACA, em junho de 1999, voltamos aos Estados Unidos para outra visita curta. Dan passou as férias com seus tios em Nova Jersey, trabalhando e se preparando para começar a faculdade. O restante da família visitou amigos, parentes e igrejas mantenedoras, mas Karis teve dificuldade cada vez maior em acompanhar as programações.

No final de junho, David e eu levamos Karis, então com 16 anos, a Pittsburgh para os estudos de motilidade recomendados pelo dr. F em Indianápolis e pelo dr. G em São Paulo. Os estudos revelaram um alto grau de disfunção, o que não foi nenhuma surpresa. Os médicos experimentaram vários medicamentos para estimular a peristalse, ou o movimento de compressão dos intestinos, enquanto Karis era monitorada. Um dos remédios pareceu ajudar um pouco, e Karis começou a aplicar em si mesma as injeções diárias. Não estávamos convencidos, porém, de que faria muita diferença. Os médicos de Pittsburgh também recomendaram o uso de uma sonda gastrojejunal que poderia aliviar a pressão do estômago e do intestino quando ficassem distendidos. Karis se recusou terminantemente a passar por outra cirurgia para colocar mais um aparelho que se projetasse de seu abdômen.

Nossa tentativa de receber ajuda de especialistas em enterologia de Pittsburgh não deu grande resultado, mas pelo menos fizemos contato com os médicos e encontramos mais uma fonte de referência para quando Karis precisasse de cuidados.

No dia 1º de agosto, Rachel, com 14 anos, voltou ao Brasil sozinha para ficar na casa de alguns amigos e se preparar para o início das aulas na PACA, no dia 4. Karis, Valerie e eu ficamos em Wheaton enquanto David participava de um congresso em Willow Creek. Enquanto passeávamos por Wheaton College, Karis quase desmaiou. David voltou tarde da noite no dia 4 de agosto e, a essa altura, eu estava certa de que precisávamos encontrar alguém para ajudar nossa filha. No dia seguinte, devíamos ir de carro de Wheaton para Mansfield, Ohio, onde David seria palestrante em um congresso sobre missões. O consultório de nosso amigo dr. B, um clínico-geral, ficava praticamente no caminho, a duas horas e meia de viagem de Wheaton no sentido leste. Acordamos dr. B com nosso telefonema para perguntar se ele poderia examinar Karis. Ele concordou em atendê-la às 6 e meia da manhã, pois sua agenda para aquele dia estava lotada. Foi assim que descobrimos que 4h30 da manhã é um ótimo horário para dirigir em Chicago sem pegar trânsito!

Depois de examinar Karis, dr. B nos disse que podíamos interná-la no hospital em que estávamos ou levá-la ao Hospital Pediátrico de Riley, em Indianápolis, onde ela seria atendida pelo dr. F, que já estava acompanhando seu caso a distância havia vários meses. Dr. B recomendou que a levássemos a Riley. Quando chegamos a Indianápolis, David nos deixou, Karis e eu, na recepção do hospital com nossas malas e pegou a estrada para Mansfield, torcendo para chegar a tempo para a abertura do congresso de missões. Não conhecíamos viv'alma em Indianápolis.

Dr. F inseriu um cateter central em Karis e voltou a administrar a NPT. Com o passar dos dias, à medida que recuperava as forças, Karis começou a visitar outros pacientes jovens no hospital: uma menina que havia sofrido queimaduras graves num incêndio, um menino com meningite da medula espinhal que já havia passado por diversas cirurgias, uma garotinha que tinha sido submetida a cirurgia do coração e cujos pais não tinham como ficar com ela.

Entrementes, eu passava os dias emburrada no quarto de Karis. Às vezes, saía para andar em volta dos prédios do hospital e chorava, suplicando a Deus que curasse minha filha para o bem dela e de nossa família. Eu não estava nada contente com a situação. Valerie, então com 11 anos, ligou de Ohio e me disse que estava morrendo de tédio por acompanhar o pai nas reuniões e queria voltar para o Brasil e para a escola. No dia 8 de agosto, portanto, ela foi sozinha de Ohio para Newark e de lá para São Paulo, onde amigos muito gentis concordaram em hospedá-la. A essa altura, nossa família de seis pessoas estava em cinco lugares diferentes. David continuou a viajar e seguir o programa de reuniões agendadas. Telefonou para mim no dia 16, mas não se lembrou de que era meu aniversário.

Por acaso mencionei que não estava nada contente com nossa situação?

Na manhã do dia 17, enquanto eu me escondia no quarto de Karis e ela fazia a ronda de visitas a seus amigos, uma senhora apareceu na porta e perguntou se eu gostaria de tomar um café com ela. Assim que nos sentamos na lanchonete do hospital, essa senhora me contou a história a seguir.

Quando Annette[1], sua filha de 14 anos, entendeu que estava morrendo, retraiu-se completamente, assumiu posição fetal e não falou mais com ninguém, nem mesmo com a mãe e a avó. Recusava-se a conversar com enfermeiras, médicos, terapeutas e até com o psicólogo e o capelão

---

[1] Nome fictício.

do hospital. Também não atendia as amigas que telefonavam da cidade em que ela morava. Havia construído a seu redor um muro de silêncio impenetrável.

Angustiada e desesperada, pela primeira vez desde a infância, a mãe de Annette começou a orar e pedir a Deus que enviasse alguém para tocar sua filha.

No dia seguinte, um anjo apareceu na porta do quarto de hospital da menina. Um anjo vestido com a mesma camisola amassada, empurrando o mesmo suporte para soro com os mesmos recipientes de NPT e lipídios que Annette estava recebendo. Ele perguntou se podia entrar, sentou-se ao lado de Annette na cama e ficou algum tempo ali, passando a mão em seu cabelo e cantando.

O anjo foi embora, mas voltou no dia seguinte e conversou tranqüilamente com Annette, cantou para ela e orou por ela. À tarde, naquele mesmo dia, ele voltou e, quando Annette abriu os olhos, viu que a figura estava sorrindo para ela. Com o passar dos dias, Annette começou a retribuir o sorriso.

A mãe de Annette me disse que, ao ver Deus responder àquela primeira oração, ela e sua mãe começaram a orar mais. Quando terminamos de tomar café, ela me convidou para ir ao quarto da filha. Quando entrei, vi Karis sentada na cama de Annette, seus cabelos loiros tocando os cabelos castanhos da amiga, cabeças curvadas sobre uma Bíblia, enquanto Annette lia em voz alta. Em cada lado da cama, suportes de soro com recipientes idênticos de NPT e lipídios ficavam de sentinela. Sentada perto da cama, a avó de Annette ouvia a leitura com lágrimas nos olhos.

Tive de pedir licença para sair, pois não consegui controlar as lágrimas. Corri para fora e, mais uma vez, caminhei em volta do hospital, agora chorando de arrependimento por meu egoísmo e minha impaciência. Como eu podia continuar a alimentar meu ressentimento se Deus havia resolvido atender à súplica de uma mãe desesperada ao enviar Karis para Indianápolis? "Senhor, por favor, ajude-me a nunca me esquecer do que aconteceu aqui", orei. "E, por favor, ajude-me a lembrar que lhe pedi que fosse o Senhor da minha vida, o que significa que me submeti à sua vontade para fazer o que lhe aprouver comigo e com minha família. Agradeço de todo o meu coração porque o Senhor realizou seus propósitos para a vida de Annette apesar de minha atitude negativa, pois Karis se mostrou disposta a deixar que sua graça resplandecesse por meio da fraqueza dela."

> Por essa razão era necessário que ele se tornasse semelhante a seus irmãos em todos os aspectos.
>
> Hebreus 2:17

Um povo de dura cerviz
1999 a 2001

Observação: nos últimos anos, David tem passado o máximo de tempo possível com Karis e comigo. Participa da luta de nossa filha e apóia a mim e a ela em todos os sentidos. Valorizamos cada dia que temos juntos. Mas nem sempre foi assim e, quando converso com pais que têm um filho com alguma doença crônica, vejo que muitas de nossas dificuldades são semelhantes. O índice de divórcio, alto na sociedade em geral, torna-se ainda mais elevado entre casais sob tensões desse tipo. Eu preferiria pular ou encobrir essa dimensão de minha jornada, mas sinto que meu relato pode servir de encorajamento a alguém, uma vez que Deus parece operar desse modo: extraindo, por sua graça, algo bom de nossas histórias caóticas, e por vezes trágicas. Escrevo estas linhas com a aprovação de David. Estou narrando minha história, e não a dele. Ele escreveu parte de sua história em um livro sobre casamento.[1] Você notará que as controvérsias de nosso casamento não são "resolvidas" no período descrito neste capítulo. Às vezes as coisas não são tão simples assim.

---

[1] *Casamentos que se fortalecem por meio da mentoria*. São Paulo: Vida, 2006.

Era um belo fim de tarde em novembro de 1999. Nosso filho Dan estava fazendo faculdade nos Estados Unidos. Depois de brincar o dia inteiro na praia, Rachel e Valerie estavam dentro de casa, jogando algo com Karis, que se encontrava indisposta. David sugeriu que nós dois saíssemos para caminhar. Corremos no meio das ondas menores que quebravam na praia e conversamos animadamente sobre vários assuntos, a maioria relacionada ao ministério que amávamos tanto. Quando chegamos ao fim da praia, sentamo-nos sobre as pedras e observamos as luzes da cidade começando a cintilar enquanto as cores suaves do pôr-do-sol sumiam na noite que chegava de mansinho.

Respirei fundo e falei: — David, ando preocupada com Karis. Ela não está melhorando e não sei mais como lidar com a situação.

Olhei de relance para David enquanto tentava expressar o medo e a pressão que sentia e percebi que seus pensamentos estavam longe. Parei de falar e o observei por alguns momentos. Nada mudou no olhar distante e fixo. Só voltou sua atenção para mim outra vez quando lhe toquei o ombro de leve.

— Você ouviu o que eu acabei de dizer, David?, perguntei.

— Desculpe. Acho que não.

Eu não sabia como repetir algo que fora tão doloroso dizer. Conversamos sobre amenidades por mais alguns minutos até que David comentou:

— É bom nós voltarmos. As meninas devem estar esperando.

— Pode ir na frente, respondi. — Vou ficar aqui mais um pouco.

Enquanto David seguia para brincar com as filhas, continuei sentada nas pedras, entorpecida demais para chorar, confusa, sozinha, sentindo todo o peso da tarefa de cuidar de Karis, tarefa que parecia pesada demais, ameaçadora demais, forçosa demais, limitante demais, assustadora demais para David compartilhar comigo. Por que meu marido nem sequer me deixava conversar com ele sobre o que eu sentia a respeito? Havíamos crescido em tantas áreas do casamento; por que sempre empacávamos nesse assunto? Por que a barreira que impedia nossa comunicação sobre Karis continuava tão imensa e impenetrável quanto antes? Que fazer com o fardo pesado demais para eu continuar carregando, mas que não podia dividir com ele?

Não encontrei nenhuma resposta naquela noite. Por fim, voltei lentamente para casa, onde todos estavam tão entretidos brincando que nem notaram quando entrei. "Minha imaginação é fértil demais", pensei. "Veja só como tudo está bem. Você enxerga problemas onde não existem. Dê a volta por cima e não deixe seus pensamentos absurdos estragarem o fim de semana."

Assim que retornamos de nossas curtas férias na praia, David viajou para o Nordeste a fim de participar de um congresso, as meninas voltaram para a escola e eu fui ao supermercado. Durante as compras, minha mente voltou à malograda tentativa de diálogo na praia. A perplexidade e a preocupação não me davam sossego. Eu não sabia o que fazer para me livrar do nó que sentia no estômago quando pensava em Karis. Por que eu não conseguia desenvolver uma fé mais forte, viver com verdadeira confiança e *parar de me afligir?!?*

Sugeri a mim mesma: "vamos eliminar toda preocupação e toda angústia, repensar nossos conceitos e escolher a vida em vitória. Karis está bem! Viu como é bem mais agradável viver assim? Você sabe que costuma exagerar. Trate Karis como você trata as outras meninas. Deus é o médico dos médicos. Creia na cura. Caminhe pela fé e em triunfo. Levante a cabeça e sorria. Claro que você pode aceitar aquele convite para dar uma palestra. Sua filha *vai ficar bem*. Ela *está* bem. Determine, creia, aproprie-se da bênção".

Ao chegar em casa, enquanto tirava as compras do carro, ouvi o telefone tocar. Era da PACA. Meu discurso de auto-afirmação se dissolveu em lágrimas repentinas quando a voz do outro lado da linha me informou que Karis havia desmaiado na escola. "Ela está com diarréia intensa... Deve ter desidratado... Tentamos entrar em contato antes... Você pode vir buscá-la?"

Larguei as compras em cima do balcão da cozinha, peguei o carro e fui para a escola a toda velocidade. Um ex-aluno da PACA que estava visitando a escola naquele dia me ajudou a levar minha filha para o carro. Para desespero de Karis, quando ele a pegou no colo ela passou mal e cobriu o rapaz de vômito amarelo. Levei-a ao pronto-socorro, onde a reidrataram com soro. Ao vê-la recuperar as forças, pensei em quantas vezes havia observado o mesmo milagre ocorrer: a florzinha murcha recuperando vigor à medida que cor, consciência e energia tomavam o lugar da letargia desalentadora.

Eu pretendia levá-la para casa ou interná-la até ter certeza de que estava estabilizada? Engraçado como o pessoal do hospital começou a *me* consultar sobre o que fazer com ela. O que foi feito daquela ilusão de segurança à qual eu me apegava quando ainda via o médico como autoridade suprema, abaixo apenas de Deus, e considerava suas decisões inquestionáveis? A propósito, que fim levou a segurança acerca de Karis produzida com meu pequeno discurso para mim mesma naquela manhã? E quanto às tentativas de orar, confiar e colocar todos os fardos aos pés de Cristo?

Não me lembro se contei a David quando ele regressou da viagem. Não fosse pelo fato de Karis haver vomitado no ex-aluno da PACA, teria sido apenas outro de uma longa série de episódios mais ou menos graves e rotineiros na vida de Karis. Diante do sucesso dos ministérios com que David estava envolvido de corpo e alma em todo o Brasil, esses pequenos incidentes pareciam triviais.

Quanto menos eu falava não apenas sobre tais episódios, mas também sobre a tristeza, o medo e o desespero crescente que provocavam em mim, mais David e eu nos distanciávamos. Mais difícil se tornava transpor o abismo entre nós, mais fácil alimentar o ressentimento. "Ele não está nem aí", eu dizia a mim mesma de vez em quando. "Se estivesse interessado, perguntaria. Se não pergunta, é porque não quer saber. Talvez até se interesse por Karis, mas não quer saber o que *eu* estou passando e como é difícil para mim lidar com a doença de nossa filha."

Quando estava em casa, David obviamente via e experimentava parte do que estava acontecendo com Karis. Gostava de criar gráficos e tabelas dos sintomas. Pedia a Karis que mantivesse um registro diário da intensidade de cinco sintomas numa escala de 1 a 10: dor, distensão abdominal, diarréia, vômito e obstrução. Karis *detestava* escalas, mas amava o pai e tentava seguir suas instruções. De tempos em tempos David reunia esses dados e enviava-os ao dr. F em Indianápolis, talvez esperando receber em troca alguma prescrição ou algum pronunciamento mágico de cura. Procurávamos viver de modo tão normal quanto as circunstâncias permitiam na esperança de que, se ignorássemos a doença, um dia ela se cansaria de afligir nossa filha e desapareceria.

Vivemos assim por um bom tempo. Algumas crises eram mais agudas, como a ocasião em que Karis quase morreu de uma infecção do cateter central. A febre era tão alta que o termômetro não registrava mais a temperatura, e o corpo roxo e ofegante estremecia tanto que era impossível colocar o cateter intravenoso para administrar soro e medicamentos. Na maior parte do tempo, o sofrimento diário consistia em dores, náusea e exaustão, perda gradativa de peso e ausências cada vez mais freqüentes da escola e de outras atividades.

Um aspecto positivo em meio a tudo isso era o gosto que Valerie tinha por cuidar de Karis e ajudá-la quando não se sentia bem. Desde pequena, Valerie havia se envolvido com a doença da irmã mais velha e aprendido até os aspectos mais técnicos da administração da NPT e de outros medicamentos. Sempre que necessário, fazia curativos, distraía Karis e procurava mantê-la confortável. Ninguém se surpreendeu quando Valerie começou a dizer que queria ser enfermeira quando crescesse.

Em algum ponto ao longo do caminho, fiz uma descoberta surpreendente: Karis e eu tínhamos personalidades completamente diferentes! Durante muito tempo, tratei-a como eu gostaria de ser tratada se estivesse doente, "protegendo-a" dos outros para que tivesse sossego e privacidade para descansar e se restabelecer. Mas Karis é extrovertida e recupera as forças quando há gente ao redor! *Queria* receber visitas e se restabelecia mais rapidamente quando eu deixava seus amigos ficarem com ela! Em casa ou no hospital, aprendi a esperar e receber com alegria um grande número de visitantes.

Quando Karis estava no último ano do ensino médio, tornou-se praticamente impossível levar uma vida normal. Coloquei de lado quase todas as atividades do ministério para cuidar dela. No mesmo ano, envolvi-me num conflito intenso e doloroso entre nosso querido dr. G em São Paulo e dr. F na distante Indianápolis, Estados Unidos. Dr. F estava certo de que Karis precisava de mais uma cirurgia e não queria continuar nos aconselhando a distância, a menos que a levássemos a Indianápolis para que ele pudesse examiná-la.

Dr. G se opunha categoricamente a novas intervenções cirúrgicas. Acreditava que a remoção de outras partes do intestino de Karis só complicaria a situação. Sua proposta era que Karis desistisse de tentar se alimentar e dependesse apenas da NPT, uma prescrição que Karis considerava extremamente difícil seguir. No Brasil, a NPT doméstica ainda era novidade e não existiam dispositivos convenientes, como bombas de infusão portáteis que cabem numa mochila. Durante as doze horas diárias de NPT, os movimentos de Karis eram limitados pelos cateteres intravenosos que a ligavam à bomba e ao suporte hospitalar. Transformamos o quarto de hóspedes no piso térreo de casa no dormitório dela para não ter de subir escadas com o equipamento e para permitir sua maior participação no convívio familiar. Karis não podia sair à noite. Quando comia, passava mal. Quando não comia, muitas vezes passava mal da mesma forma. Às vezes, especialmente em festas, resolvia comer mesmo sabendo das conseqüências. No último ano do ensino médio, Karis teve 50% de faltas.

— É horrível demais, eu tentava explicar a David. — Deve haver uma alternativa. Mas como posso rejeitar o conselho do dr. G depois de tudo o que ele fez por Karis? Como dr. F sabe que ela precisa de cirurgia sem tê-la examinado pessoalmente?.

Na medida em que a pressão de seu trabalho permitia, David tratava dessas questões e buscava soluções para os problemas junto comigo, mas parecia incapaz de sentir minha dor, minha ansiedade e meu desespero de tomar a decisão "certa". Para ele, a situação de Karis era um dentre muitos assuntos. Vários outros pensamentos ocupavam sua mente: artigos para escrever, congressos para organizar, viagens... David trabalhava com afinco, e seus excelentes projetos eram sempre valorizados. Que direito eu tinha de incomodá-lo com minhas incertezas e angústias sobre o que fazer com a vida de apenas uma garotinha quando ele estava preocupado em ajudar centenas de pessoas? Mas meu coração magoado dizia que, se ele não sabia cuidar direito de sua própria esposa e sua filha, o resto não importava. E se investíssemos o dinheiro necessário para a viagem do Brasil para Indiana, uma soma considerável para nosso orçamento, e o dr. F nos dissesse que não podia ajudar Karis? E se dr. G estivesse certo e a cirurgia se mostrasse prejudicial a longo prazo? E se perdêssemos o relacionamento com dr. G, que, para nós, era não apenas um médico, mas um amigo precioso? E se, e se, e se...

A derrota dos amalequitas
Abril a dezembro, 2001

A própria Karis acabou tomando a decisão de ir a Indianápolis. Lembrava-se dos "oásis" que havia desfrutado depois das outras cirurgias, meses ou até anos de boa saúde, e esperava que a história se repetisse. "Tudo bem, Senhor", orei. "Lá vamos nós de novo. Da última vez que estivemos em Indianápolis, o Senhor me ensinou uma grande lição. Desejo honrá-lo desta vez, mesmo que seja difícil, mesmo sem entender o que está acontecendo." Liguei para minha amiga Mary e pedi a ela que me apoiasse em oração nessa batalha por atitudes e perspectivas que glorificassem a Deus. Em minha mente, eu via outras duas amigas, Marty e Anita, como Arão e Hur, que seguraram os braços de Moisés no alto do monte enquanto Josué lutava com os amalequitas no vale. Sabia que sem o apoio delas dificilmente conseguiria cumprir o voto que havia feito de colocar em prática Salmos 145:2: "Todos os dias te bendirei e louvarei o teu nome".

Sob a sombra da convicção do dr. G de que estávamos tomando a decisão errada, marcamos duas consultas para o dia 24 de abril de 2001: uma com dr. F e outra com a cirurgiã recomendada por ele. Viajamos para os Estados Unidos alguns dias antes a fim de que Karis pudesse visitar duas universidades nas quais estava interessada, Wheaton e Notre Dame. O término do prazo de inscrição se aproximava rapidamente, e ela precisava tomar uma decisão. A essa altura, era difícil para Karis imaginar se estaria em mínimas condições de fazer uma faculdade. Mas ela contava com a possibilidade de ganhar tempo com a cirurgia para chegar pelo menos até a metade do curso superior. O grande sonho de Karis era ter uma vida "normal", e sua esperança consistia em que os médicos de Indianápolis a ajudassem a realizar esse sonho, pelo menos por algum tempo.

Wheaton nos disse o mesmo que várias outras universidades da costa leste haviam dito: Karis poderia freqüentar as aulas, mas não teria permissão de morar no dormitório do *campus* enquanto estivesse utilizando a NPT. A essa altura, havia poucas coisas que ela conseguia comer. Ciente da importância das refeições na vida social do *campus*, Karis estudou o cardápio do famoso refeitório de Wheaton e constatou que não oferecia nada que ela pudesse ingerir.

Nossa visita à Universidade de Notre Dame foi bem diferente. Os funcionários da universidade se mostraram inteiramente dispostos a aceitá-la e fazer todo o possível para ajudá-la a completar seus estudos com sucesso. O pessoal do refeitório se comprometeu a providenciar os alimentos de sua preferência. No centro médico, as atenciosas enfermeiras se dispuseram a ajudar no que fosse necessário. Com a supervisão da equipe do centro, Karis poderia morar no dormitório mesmo usando a NPT e, em casos de emergência, os hospitais de South Bend estavam a cinco minutos do *campus*. Tudo isso facilitaria muito mais a vida de Karis do que se ela continuasse morando em casa e tivesse de enfrentar congestionamentos todos os dias para estudar numa faculdade em São Paulo, outra opção que havíamos considerado seriamente.

Ainda precisávamos descobrir, contudo, se Karis melhoraria o suficiente para cursar o ensino superior. Em Indianápolis, foi feito o restante dos exames pré-operatórios enquanto os médicos avaliavam os exames realizados no Brasil. Eles não tinham dúvidas de que Karis precisava de cirurgia para remover uma parte do intestino que não estava funcionando corretamente.

No dia 27 de abril, pouco antes de ser levada para o centro cirúrgico, Karis me entregou, preenchido e assinado, o formulário de inscrição para Notre Dame e pediu-me que colocasse no correio, um gesto de fé e esperança.

Para minha surpresa, enquanto eu a aguardava sair da cirurgia, vi meu marido entrar na sala de espera! Um amigo em São Paulo teve uma conversa séria com ele sobre a importância de estar conosco naquele momento. David orou sobre o assunto e embarcou no primeiro vôo que conseguiu. Pouco depois que ele chegou, tivemos outra surpresa. A cirurgiã saiu da sala de operação para nos dizer que havia mudado de idéia quanto à remoção de mais uma parte do intestino de Karis. Havia descoberto que a parte problemática estava presa num emaranhado de adesões, o que, a seu ver, explicava a disfunção. Nas horas seguintes, ela removeu todas as adesões e fechou a incisão. Ficamos emocionados ao perceber que tanto dr. F quanto dr. G pareciam estar certos! De fato, Karis precisava ser submetida à cirurgia, mas, ao que tudo indicava, não era necessário remover mais uma parte do intestino.

David passou o fim de semana conosco e depois voltou para São Paulo. Infelizmente, em alguns sentidos, não foi um tempo agradável. David estava tentando entender o propósito ou o proveito de ter cancelado compromissos e gasto tanto dinheiro. Pedi que nunca mais fizesse algo assim sob pressão e lhe disse, com ressentimento, que eu havia desistido de contar com a ajuda dele para cuidar de Karis. Se em algum momento ele *quisesse* participar, seria bem-vindo, mas somente se o fizesse por vontade própria. Tendo em vista sua atitude negativa, para mim foi pior ele ter vindo do que ficar sozinha.

Eis o comentário de David a respeito desse episódio:

"Orei e senti que era a decisão certa. Comprei a passagem, e ponto final. É verdade que minha mente e minhas emoções levaram algum tempo para se ajustar à decisão, mas tomei-a de livre e espontânea vontade, e não porque alguém me pressionou. Ainda assim, meus sentimentos conflitantes despontaram em nossa conversa e o desfecho não foi nem um pouco edificante. Lembro-me com clareza de sentir-me extremamente mal e magoado, mas de não saber o que fazer na ocasião."

*"**Todos** os dias te bendirei e louvarei o teu nome..."*

A visita de David catalisou e deu foco ao meu conflito pessoal. É evidente que estávamos lutando pela saúde de Karis, mas minha batalha interna era contra o ressentimento, a raiva, a falta de confiança, o cansaço, a amargura. Ademais, eu precisava encarar a realidade: desejava que David "cuidasse de mim" mais do que desejava confiar em Deus e depender dele. Nas primeiras semanas de nossa estada em Indianápolis, lutei para reconhecer e colocar diante do altar de Deus meu desejo e minhas tentativas de mudar meu marido, de transformá-lo na pessoa de que, a meu ver, eu precisava naquele momento.

Deus me mostrou que havia coisas de sobra na minha própria vida nas quais eu precisava trabalhar. A amargura que eu vinha alimentando havia tempos era tão errada e prejudicial para mim e para os outros ao meu redor quanto as falhas que eu via em David. Fui confrontada por dois conceitos que ensinávamos a outros em nosso ministério de restauração emocional: 1) Você só pode mudar a si mesmo. 2) Você é responsável por si mesmo, por suas necessidades, seus desejos, seus sentimentos e suas escolhas. Colocar essa responsabilidade nos ombros de outra pessoa nunca funciona.

A raiz de minha amargura contra David era uma espécie de idolatria: eu esperava dele aquilo que somente Deus podia fazer ou ser para mim. Ao reconhecer e entregar a Deus minha raiva, minha autopiedade e minha amargura, consegui verdadeiramente "liberar" David de exigências e expectativas de longa data e dar um salto no processo de abrir mão da minha dependência emocional dele. Como um câncer, essa dependência havia crescido e adquirido proporções exageradas e precisava ser extirpada a fim de podermos nos relacionar um com o outro de modo saudável.

Ao mesmo tempo, eu precisava reconhecer que minhas necessidades eram válidas, aprender a expressá-las e dar a David a oportunidade de atender antes de julgá-lo insensível. Aos poucos, percebi que desistia cedo demais de tentar me comunicar e, ao mesmo tempo, esperava que ele "adivinhasse" o que eu desejava, necessitava ou sentia. Percebi que minha carência e minha infelicidade, raramente expressadas em palavras mas comunicadas com freqüência por meios não-verbais, exerciam pressão intensa sobre David. Conseqüentemente, ele sentia dificuldade em agir com clareza e espontaneidade.

De algum modo (imagino que tenha sido graças às minhas guerreiras de oração!), Deus me ajudou a entregar minhas necessidades a ele e esperar a provisão *dele* para Karis e para mim em Indianápolis. E como ele proveu! Pessoas incríveis apareceram "do nada" no hospital para nos encorajar. Várias delas eram membros da mesma igreja e, para nós, os cultos nessa igreja eram como um oásis no meio do deserto. Alguns amigos chegaram a organizar uma festa completa de 18 anos para Karis no hospital e lhe deram mais presentes do que ela jamais recebera de uma vez só!

Uma noite, quando eu estava me sentindo particularmente sozinha e desanimada, preocupada com Karis e com saudade da família no Brasil, uma voluntária da casa de apoio literalmente deixou que eu chorasse em seu ombro e me deu grande consolo. Sou agradecida por todas as pessoas que serviram como mensageiras da graça de Deus para mim ao longo daquelas semanas.

A convalescença pós-operatória de Karis foi lenta. Nesse ínterim, nossa cirurgiã teve de viajar, pois sua mãe falecera. Ficamos sob os cuidados de outro médico, que parecia não entender nada a respeito de Karis. Era arrogante, grosseiro e calado. Não consigo imaginar como ele foi parar num hospital pediátrico. Um dia, na esperança de "quebrar o gelo", Karis pintou cada unha dos dedos dos pés de uma cor e, quando ouvimos os médicos chegando para a visita de rotina, colocou os pés sobre o travesseiro e escondeu a cabeça debaixo do cobertor. O cirurgião parou ao lado da cama e, batendo o pé com impaciência, disse: "Karis, não tenho o dia inteiro para examinar você".

*"**Todos** os dias te bendirei e louvarei o teu nome..."*

O cirurgião declarou que Karis não estava se recuperando porque *não queria*. Em sua opinião, ela precisava de ajuda psiquiátrica. Não consegui entender como Karis poderia, mesmo inconscientemente, "decidir" reagir com vômito copioso repleto de bile quando tentava comer ou criar de forma psicossomática o grau de distensão e dor abdominal que estava enfrentando. Havia algo de errado, e minha impressão era que o cirurgião substituto não estava interessado em descobrir o problema.

Por fim, apelei para dr. F. Sem hesitar, ele pediu novos exames e, no fim do dia, tinha em mãos imagens que mostravam uma obstrução intestinal. Dr. F entrou pessoalmente em contato com nossa cirurgiã e perguntou se podia voltar para cuidar de Karis. No dia seguinte, 18 de maio, ela operou Karis novamente e removeu a parte do intestino que estava obstruída. *Então*, Karis começou a se recuperar!

"Todos os dias te bendirei e louvarei o teu nome...".

No dia 4 de junho, voltamos para São Paulo, para casa, para os cuidados do dr. G. Cinco dias depois, Karis se formou com sua turma do ensino médio. Surpresa com os aplausos, ficou totalmente sem graça e não sabia como reagir. Quando percebeu, contudo, que as pessoas não estavam batendo palmas para ela, mas para Deus, aquele que havia preservado sua vida, sentiu-se mais à vontade, sorriu e aplaudiu também, numa expressão de gratidão a Deus por sua fidelidade.

Para mim, aquele momento espontâneo de louvor veio do fundo do coração. Durante nossa estada em Indianápolis, atravessei um vale profundo em meus conflitos pessoais, mas Deus foi fiel às orações de minhas intercessoras e me conduziu a um lugar muito melhor.

Karis sentiu que "não merecia" se formar, pois havia perdido muitas aulas e realizado apenas parte dos trabalhos. Esperava passar o resto das férias completando as atividades que faltavam. Os coordenadores do ensino médio decidiram, contudo, avaliá-la de acordo com as tarefas que havia conseguido concluir e não cobrar o restante. De acordo com eles, a excelente qualidade de seus trabalhos ao longo do ensino médio não deixava dúvida de que ela estava pronta para o ensino superior.

Karis levou algum tempo para aceitar a generosidade da diretoria da PACA, pois não queria receber tratamento especial só por causa de seus problemas de saúde. Na verdade, porém, a decisão da escola foi uma bênção. No esforço para participar das cerimônias de formatura, a cirurgia se abriu e infeccionou e Karis foi obrigada a ficar quatro semanas em repouso na cama. Continuava usando a NPT e, pouco tempo depois, teve de ser internada novamente por causa de outra infecção no cateter central. A hora de começar a arrumar a mudança para a universidade se aproximava, e não fazíamos idéia de se Karis teria forças. Pela graça de Deus, porém, ela melhorou gradativamente e, antes de partir para os Estados Unidos, pôde remover o cateter central, pois estava conseguindo se alimentar o suficiente para não precisar da NPT.

Karis teve outra surpresa animadora antes de partir para o primeiro semestre em Notre Dame. Recebeu um comunicado de que havia sido escolhida para fazer parte de um programa especial oferecido a alunos promissores que se haviam destacado por sua iniciativa e seu esforço no ensino médio e que poderiam se beneficiar de certos privilégios acadêmicos no ensino superior. A participação nesse programa fez uma diferença enorme para ela, que saiu de uma escola em que o ensino médio tinha cerca de cem alunos e se mudou para uma universidade com oito mil alunos. Graças ao programa, Karis se tornou parte de um grupo pequeno e mais aconchegante de apenas sessenta alunos, cuja aceitação e cujo companheirismo lhe permitiram desenvolver todo o seu potencial em Notre Dame.

Em sua bondade, Deus concedeu a Karis vários meses de saúde estável. Quando ela veio ao Brasil, no Natal, o Senhor curou algumas mágoas em nosso coração, pois, ao se admirar com o ótimo estado de saúde de Karis, dr. G concordou em que havíamos tomado a decisão acertada de fazer a cirurgia nos Estados Unidos! Bendito seja o nome do Senhor!

> Bendito seja o teu nome na terra de abundância,
> Onde tuas águas correm em profusão.
> Bendito seja o teu nome.
> Bendito seja o teu nome quando estou no deserto.
> Ainda que eu ande em terras áridas,
> Bendito seja o teu nome.
>
> Transformarei em louvor as bênçãos que derramares.
> Quando vier a escuridão, Senhor, continuarei a dizer:
> Bendito seja o nome do Senhor, bendito seja o teu nome.
> Bendito seja o nome do Senhor, bendito seja o teu glorioso nome.
>
> Bendito seja teu nome, quando o sol brilhar,
> Quando o mundo estiver em ordem perfeita.
> Bendito seja o teu nome.
> Bendito seja o teu nome no caminho de sofrimento.
> Ainda que a oferta seja feita em meio à dor,

Bendito seja o teu nome.
Tu dás e tomas, tu dás e tomas.
Meu coração escolhe dizer, Senhor, bendito seja o teu nome.
Bendito seja o nome do Senhor, bendito seja o teu nome.
Bendito seja o nome do Senhor, bendito seja o teu glorioso nome.[1]

---

[1] Matt e Beth REDMAN, *Thank You Music,* licença CCLI #590416, 2002.

O conselho de Jetro
2002 a 2003

Em 2000, a publicação no Brasil de meu livro sobre abuso sexual provocou uma avalanche de publicidade em várias mídias e convites para palestras no país inteiro. Era exatamente o que eu temia que ocorresse como resultado de quebrar um "tabu" na cultura brasileira e falar sobre um problema que tantos procuram esconder. Várias pessoas se ofereceram para me ajudar a aproveitar o interesse gerado a fim de intensificar os trabalhos de auxílio a vítimas de abuso sexual. Mas a saúde de Karis piorou consideravelmente no último ano do ensino médio e tive de recusar quase todas as propostas. O "grande impacto" não passou de uma "pancadinha leve".

No final de 2001, Karis estava bem e feliz em Notre Dame, Danny cursava o penúltimo ano na universidade de Yale e Rachel e Valerie ainda viviam em casa, mas bastante independentes. Rachel cursava o penúltimo ano do ensino médio, e Valerie, a oitava série. Com a família mais estabilizada, comecei a voltar minha atenção para o desenvolvimento de grupos de apoio a vítimas de abuso sexual e ao treinamento de líderes, a maioria deles também vítima de abuso. Realizamos excelentes congressos de capacitação e fomos abençoados com as palestras da dra. Diane Langberg no congresso nacional em outubro de 2002, no Sul do Brasil, e em outro congresso no Nordeste. Ao ver pessoas do país inteiro se dispondo a atuar nessa área, percebi claramente a preocupação profunda de Deus com as vítimas de abuso. David se empolgou com a idéia de investir na formação de um amplo programa de treinamento de líderes e organização de grupos de apoio. Não demorou muito, porém, e tive de dedicar toda a minha atenção mais uma vez a Karis e suas necessidades. Logo depois do congresso no Nordeste, fui aos Estados Unidos para acompanhar minha filha em mais uma internação.

Na metade do primeiro semestre de 2002, Karis começou a comentar vagamente sobre o reaparecimento dos antigos sintomas. Alguns meses depois, entre o primeiro e o segundo ano da faculdade, ela passou algum tempo com amigos na região de South Bend. Todos os dias ia de bicicleta à universidade, a quase dez quilômetros de onde estava hospedada, para aulas de um curso de verão. David e eu passamos as férias nos Estados Unidos visitando igrejas mantenedoras e amigos. Quando nos encontramos com Karis, no início da visita, ela parecia saudável, com físico forte e ágil. Confidenciou-me, porém, que estava tendo alguns problemas, nada sério, e pediu-me que não contasse a ninguém.

Com o passar do tempo, os sintomas se intensificaram. Decidi deixar nosso itinerário de lado e ficar com ela. Cheguei no meio da tarde e a encontrei deitada na cama. Quando entrei no quarto, ela começou a chorar. Um bom tempo depois, quando as lágrimas finalmente pararam de correr, tivemos uma longa conversa. Era extremamente difícil para Karis se sentir mal novamente. Não podíamos suportar a idéia de que a trégua proporcionada pelas cirurgias em Indianápolis talvez estivesse chegando ao fim.

Na metade do segundo semestre, Karis precisou voltar à NPT, o que exigiu a inserção de outro cateter central e, com ele, o pesadelo recorrente das infecções. O médico de Karis em South Bend e as enfermeiras do centro médico da universidade lhe deram todo o apoio possível, e

Karis tentou prosseguir com os estudos normalmente. Procurou continuar, também, com sua rotina de trabalho, atividades extracurriculares e vida social. Com a piora dos sintomas e as internações freqüentes, porém, não conseguia mais acompanhar as matérias durante o semestre e tinha de estudar nas férias.

A certa altura, o orientador de Karis a chamou para conversar e lhe disse que não poderia continuar no curso de medicina. O sonho de Karis era ser pediatra na África subsaariana. As matérias mais difíceis eram as que exigiam estudo em laboratório, pois não havia como repor as aulas que perdia. Devido a seu estado de saúde e às internações, as faltas eram freqüentes. Karis continuava tentando alcançar o resto da turma em todas as matérias, mas seu orientador previu que ela não daria conta.

Pela primeira vez, Karis deparou com um obstáculo que não sabia como superar. Desde pequena, sempre acreditou que podia fazer as mesmas coisas que outras pessoas e se recusou a deixar a doença impedi-la de alcançar seus objetivos. Era difícil para ela aceitar algo que, a seu ver, correspondia a um fracasso. Planejava ser médica havia tanto tempo que não conseguia imaginar outro rumo para seus estudos. No segundo ano da faculdade, foi obrigada a reavaliar seus pontos fortes, seus pontos fracos e seus interesses e encontrar um plano de estudo que pudesse acompanhar enquanto tentava administrar os problemas de saúde.

Karis avaliou as dezenas de cursos oferecidos pela universidade, mas chegou à conclusão de que nenhum correspondia ao seu novo conceito daquilo que gostaria de estudar. Propôs aos coordenadores uma combinação de matérias nas áreas de relações internacionais, diplomacia, jornalismo e línguas sem perder o foco na África subsaariana: história, política, economia e cultura, francês, árabe e espanhol. Teve de escrever uma defesa de sua proposta curricular na qual devia explicar a relação das matérias entre si e com o seu objetivo geral e apresentá-la a uma banca de professores. Quando a banca aprovou sua nova grade curricular, Karis entrou para um seleto rol de alunos que conseguiram essa façanha na história de Notre Dame.

A saúde debilitada de Karis me obrigou a passar três períodos extensos nos Estados Unidos. Um dia, quando eu estava em nossa casa em São Paulo, recebi um telefonema de um dos médicos de Karis que me deixou abalada. Na opinião dele, ela devia começar a pensar seriamente num transplante intestinal! Não conseguia ficar sem a NPT e, devido às infecções recorrentes, era cada vez mais difícil inserir um novo cateter. Se não houvesse mais veias que pudessem receber o cateter central, não haveria como continuar a nutri-la...

Fiquei estarrecida com a sugestão do médico. Até então não havíamos considerado o transplante uma opção viável para Karis. O histórico de transplantes intestinais não era animador. Vários pacientes que o receberam morreram em menos de um ano em decorrência de complicações, rejeição ou infecção. A idéia de colocar o nome de Karis na fila de espera para um transplante parecia absurda, e minha primeira reação foi descartar a opinião do médico e considerá-la exagerada.

Mencionei a recomendação do médico numa conversa por telefone com meu filho Dan como se fosse algo absurdo: "Pode uma coisa dessas?". Apesar da minha incredulidade, Dan pesquisou extensamente sobre transplantes intestinais e descobriu informações que nos levaram a pedir a opinião dos outros médicos de Karis. Devíamos levar a sugestão a sério e pesquisar mais a fundo? Dos cinco médicos aos quais fizemos essa pergunta, três responderam que sim, um respondeu que não e outro disse não ter certeza. Tive de abrir os olhos para a realidade. Eu esperava que os outros médicos confirmassem minha opinião de que o transplante era uma solução extrema e arriscada demais para o caso de Karis.

O médico que respondeu de forma negativa confirmou minha convicção básica acerca do transplante. Repeti suas palavras mais de uma vez às pessoas que estavam avaliando se o procedimento era a melhor opção para um ente querido com alguma doença intestinal. "O transplante não é uma solução. É uma troca na qual as dificuldades anteriores são substituídas por novos problemas. Deve ser considerado apenas quando se chega a um beco sem saída e não há nenhuma alternativa."

Aceitei de bom grado a confirmação desse médico de que Karis não estava nem perto de um beco sem saída. Minha zona de conforto sofreu outra invasão, porém, quando Dan me enviou uma lista dos requisitos de qualificação para transplante intestinal em Pittsburgh, o centro mundial de referência nessa área. Um dos itens no alto da lista era a necessidade de pelo menos duas veias "abertas" para cateteres centrais, além das veias femorais. A essa altura, eu não tinha certeza sobre se ainda restavam duas veias desobstruídas na parte superior do corpo de Karis. Tanto quanto sabia, estava sendo usada a última e uma das femorais se obstruíra.

Ainda não havíamos conversado seriamente com Karis sobre a possibilidade de um transplante. Era assustador demais tratar da questão sem ter certeza de que devíamos seguir esse rumo. Quando ela foi internada com mais uma infecção séria provocada pelo cateter, decidi entrar em contato com a equipe de transplantes em Pittsburgh por *e-mail* apenas para pedir sua opinião sobre a situação de Karis. A resposta foi rápida: ela devia passar por uma avaliação em Pittsburgh sem demora e o maior número possível de membros da família precisava participar do curso oferecido paralelamente aos exames médicos e psicossociais de Karis. De acordo com eles, o transplante envolvia a família inteira e, para ser bem-sucedido, exigia a compreensão e o apoio de todos os membros.

Quando terminei de ler o *e-mail* de resposta, foi como se tivesse entrado num pesadelo. David estava trabalhando em seu computador, na mesa ao lado da minha. Senti o pânico se aproximar rapidamente e tentei conversar com David. Ele leu o *e-mail*, folheou a agenda por alguns momentos e disse: "Estou livre em agosto. Peça para marcarem uma reunião em agosto de 2004". Fechou a agenda e voltou a trabalhar.

Aturdida, percebi que ainda faltavam dez meses para agosto de 2004! Enquanto olhava fixamente para as costas dele, senti a mágoa, a angústia e o ressentimento começarem a voltar. O assunto era de suma importância para mim, uma incursão complicada e assustadora em território desconhecido. Envolvia a vida e o bem-estar de nossa família e talvez até sua sobrevivência. David, por outro lado, parecia considerá-lo apenas mais um compromisso. Pensava que "sem demora" significava "quando for mais conveniente para ele"? Acaso era exagero meu, ficara aflita sem motivo, ou será que David estava menos preocupado do que deveria? Sabia mais do que os médicos?!? Eu não sabia o que fazer e não queria mais buscar uma solução sozinha.

Seguiu-se uma discussão intensa, ao fim da qual David repetiu o que havia dito no início: "Se você quiser que eu participe, só posso ir aos Estados Unidos em agosto do ano que vem. Pergunte se eles podem agendar as avaliações dela para essa data. Não tenho condições de ir antes".

Arrasada, peguei o telefone e pedi socorro novamente a minha amiga Mary. Seus sábios conselhos me ajudaram a recuperar a estabilidade emocional e a pensar no próximo passo. Reafirmei internamente o propósito que havia assumido em Indianápolis de não esperar ou exigir nada de meu marido em relação à saúde de Karis. Mary chamou minha atenção para o fato de que era Karis quem devia tomar a decisão de ir ou não a Pittsburgh e passar pela avaliação para transplante. "É a vida dela. Conhece os próprios sintomas melhor do que você e tem idade suficiente para assumir a responsabilidade. Se ela decidir que a avaliação deve ser feita 'sem demora', procure o modo mais adequado de apoiá-la e deixe David decidir se vai participar ou não."

Separada de minha filha por milhares de quilômetros, tive de lhe explicar por telefone tudo o que eu sabia sobre transplante intestinal. Infeliz, frustrada e ansiosa para encontrar alguma coisa que melhorasse sua situação, Karis decidiu se sujeitar à avaliação "sem demora", conforme a recomendação dos médicos. O centro de transplantes agendou seus exames para o final de novembro, poucas semanas depois de nossa conversa. Planejei a viagem e informei os outros membros da família. Nosso filho Dan se encontrava trabalhando em Nova York, mas se comprometeu de imediato a participar do curso. Rachel estava no primeiro ano da faculdade, e a avaliação coincidia com algumas atividades acadêmicas importantes, de modo que ela resolveu não nos acompanhar. Valerie, então com 15 anos, não podia faltar à escola em São Paulo. Combinamos que iríamos transmitir todas as informações às duas nas férias do fim de ano.

Não me lembro quando ou como David resolveu nos acompanhar. Sei apenas que a decisão foi inteiramente espontânea, sem pressões nem expectativas de minha parte. Quando ele me disse que ia conosco, pedi que o fizesse apenas se fosse capaz de se envolver completamente. Em vista de nosso histórico, não pus muita fé em sua participação, mas considerava sua presença essencial para apoiar Karis no momento de tomar uma decisão daquela magnitude.

Pausa para uma história de Natal de verdade
Natal, 2002

Era tarde da noite, e o telefonema do dr. B me acordou de um sonho no qual eu fazia os preparativos para o Natal: decorar a casa, assar bolachinhas, embrulhar presentes, arrumar os quartos de nossos dois filhos que estavam na faculdade e chegariam em breve para passar as férias de Natal conosco em São Paulo. Percebi o tom angustiado da voz do médico antes de minha mente conseguir acompanhar o que ele estava dizendo:

— Não posso deixar Karis viajar. Ela não sobreviveria à viagem por causa da desidratação. Será um prazer para Barb e para mim cuidar de Karis durante as festas...

— Como assim? Não! Karis está contando os dias para vir para casa! O vôo dela é amanhã!

— Sinto muito, mas é arriscado demais. Também não seria justo colocar essa responsabilidade sobre a companhia aérea.

Era sexta-feira, 20 de dezembro. O plano seria Karis tomar um ônibus de South Bend a Chicago na manhã seguinte, pegar o avião lá e chegar a São Paulo no domingo cedo. Ela estava internada tomando soro porque não conseguia se manter hidratada. Desde que havia perdido o cateter central, devido a uma infecção, restava apenas o acesso por veias periféricas.

Depois de conversar com ela e ouvi-la dizer "De jeito nenhum! *Não vou passar o Natal aqui! Vou para casa!*", a única idéia que me ocorreu foi telefonar para o médico em São Paulo e pedir orientação.

— É fácil — disse o dr. G. — Ela pode viajar com os cateteres e o soro. Peçam ao pessoal de lá que prepare dois cateteres. Se um se romper, ela terá outro de reserva. Quando chegar, levem-na direto do aeroporto para o hospital, e eu encontrarei vocês lá.

Na manhã seguinte, telefonei para o dr. B e lhe relatei a sugestão do dr. G

— Tudo bem — decidiu o dr. B. — Vamos tentar, mas teremos de correr. O ônibus de Karis sai em poucas horas. Telefone para ela e diga para ir ao centro médico da universidade. Eu vou ligar para lá e deixá-los de sobreaviso.

Karis nem havia arrumado as malas. Atravessou o *campus* correndo até o centro médico, onde duas enfermeiras começaram a procurar veias nas quais pudessem colocar os cateteres com soro. Os minutos foram passando, e nada. A ansiedade crescia. Por fim, quase ao mesmo tempo, as duas enfermeiras gritaram: "Consegui!". Um segurança do *campus* deu carona para Karis, com seus apetrechos do soro, até o dormitório. Ela jogou algumas coisas dentro de uma mochila e correu para o ponto de ônibus, gritando "Feliz Natal!" para os amigos com que cruzava no caminho.

Vinte horas depois, quando a recebemos no aeroporto em São Paulo, Karis estava alegre e empolgada. — Correu tudo bem! — exclamou. — A veia com o segundo cateter só estourou agora há pouco. E eu vomitei apenas uma vez no avião, quando tentei tomar suco. Estou ótima! Podemos ir para casa em vez de ir ao hospital?

A resposta foi um grande e redondo "Não". Dr. G, depois de examiná-la e observá-la enquanto enfermeiras se esforçavam para achar mais uma veia, disse-nos que seria preciso colocar outro cateter central o mais rápido possível. Karis não precisava apenas de hidratação, mas também de nutrição, pois tudo o que ela tentava comer provocava diarréia intensa. Dr. G telefonou para um cirurgião e marcou a inserção do cateter para logo depois do Natal. Enquanto isso, Karis teria de ficar no hospital. David, Rachel e Valerie voltaram ao aeroporto para pegar Dan e o levaram direto para lá. Não foi exatamente a recepção que havíamos imaginado, mas pelo menos estávamos todos juntos.

Na segunda-feira cedo, dr. A, o cirurgião, entrou no quarto de Karis com uma expressão preocupada.

— Karis vai precisar de um cateter de longa duração e, portanto, de alta qualidade — explicou. — Procuramos em todos os hospitais e empresas de suprimentos médicos e não conseguimos encontrar nenhum desse tipo. Minha secretária está telefonando para hospitais de outras cidades grandes, mas duvido que adiante. Se encomendarmos dos Estados Unidos, provavelmente levará pelo menos um mês para chegar. Vou precisar que vocês me ajudem. Telefonem para quem vocês puderem nos Estados Unidos e peçam que enviem um cateter ainda hoje. Se esperar até amanhã, véspera de Natal, sabe-se lá quando chegará aqui. Karis precisa disso com urgência.

Dan estava cochilando numa poltrona ao lado da cama de Karis, tentando se recuperar da exaustão do fim de semestre. Sentei-me na poltrona do outro lado da cama, telefonei para o dr. B e expliquei a situação. Imaginei que seria fácil para ele conseguir o cateter e enviá-lo para nós. Alguns minutos depois, no entanto, dr. B retornou a ligação com más notícias. O hospital em que Karis havia ficado internada na semana anterior informou que não podia vender nada a pacientes que tinham recebido alta. As lojas de suprimentos médicos estavam fechadas por causa do Natal. Ele ia continuar tentando, mas seria melhor eu ligar para mais alguém.

Telefonei para os outros hospitais em que Karis havia ficado em Chicago, Detroit e Indianápolis e recebi a mesma resposta. Em tom pesaroso, compreensivo, frio ou grosseiro, todas as pessoas com que falei disseram que tinham o cateter disponível mas não podiam enviá-lo para mim. Política do hospital.

Frustrada, eu olhava fixamente para o telefone, tentando imaginar para quem mais poderia ligar e pedindo socorro de Deus, quando Dan se mexeu na cadeira e resmungou: "Ligue para a tia Karen. Peça-lhe ajuda".

Eu não fazia idéia do que meu filho estava pensando. Minha irmã mais nova, Karen, era uma mulher extremamente ocupada, esposa de pastor e mãe de quatro filhos pequenos, e era antevéspera de Natal! Karen devia estar correndo de um lado para o outro. Diante da insistência de Dan, contudo, telefonei para ela. Disse-lhe que não sabia o motivo de estar ligando senão para pedir oração.

Karen ficou em silêncio por alguns momentos e depois disse:

"Antes de me levantar hoje cedo, percebi que seria impossível fazer tudo o que estava na minha lista de tarefas. Enquanto orava sobre isso, Deus me disse que deveria me preparar para colocar tudo de lado, pois tinha outros planos para mim. Vou ver o que posso fazer e te ligo de volta."

Sentindo-me mal por jogar mais um problema nas costas de uma pessoa tão atarefada, tentei me lembrar de mais alguém para quem poderia telefonar, mas não consegui pensar em ninguém. A única coisa a fazer era orar, esperar e passar tempo com meus dois filhos mais velhos, que eu não via havia vários meses. Dan estava no último ano da faculdade em Yale, tentando descobrir o que faria em seguida. Karis cursava o segundo ano em Notre Dame.

Pouco tempo depois, David chegou ao hospital com nossas filhas mais novas: Rachel, então no último ano do ensino médio e na reta final da entrega dos formulários de inscrição para a faculdade, e Valerie, no primeiro ano do ensino médio. Não sabíamos se Karis poderia passar o Natal em casa, de modo que aproveitamos ao máximo aquele espaço onde todos podíamos nos reunir: o quarto de hospital. Quantas vezes havíamos feito isso antes...

O telefone tocou. Quando atendi, não era Karen, mas alguém que eu não conhecia. Identificou-se como um cirurgião ligando de um hospital na Filadélfia para confirmar o tamanho e o tipo certo de cateter e o melhor modo de enviá-lo para nós. Informou que havia um posto da empresa de encomendas Federal Express perto do hospital e que ele iria pessoalmente até lá para evitar a burocracia do hospital. Pelos seus cálculos, por causa do Natal, a encomenda provavelmente chegaria na quinta-feira, 26 de dezembro.

Surpresa, aliviada, grata e curiosa, tentei ligar para Karen, descobrir o que havia acontecido e saber quem era o tal cirurgião, mas ela não estava em casa. Entrei em contato com dr. A e ele reservou a sala de operação para a manhã de sexta-feira, 27 de dezembro.

Karen ligou à noite e contou sua história. Havia telefonado para todos os lugares possíveis e imagináveis na região de Nova York e Nova Jersey e recebido a mesma resposta que nós. Quando não sabia mais para quem telefonar, enquanto orava pedindo orientação, lembrou-se de que algumas semanas antes ela e o marido haviam jantado com um membro da igreja e sido apresentados ao irmão dele, um cirurgião da Filadélfia. Karen nem se lembrava mais do nome do médico, mas telefonou para o membro da igreja, descobriu como entrar em contato com o irmão dele e lhe explicou nossa situação. Quantas vezes, em quantas cidades, alguém tinha ouvido a mesma história naquele dia?! Depois de ouvi-la, o cirurgião respondeu: "Sem problemas, tenho uma pilha desses cateteres num depósito aqui ao lado. Creio que ninguém vai se importar se eu enviar um para o Brasil, especialmente se eu mesmo colocar no correio no meu horário de almoço".

Na terça-feira, dr. G deu permissão para que Karis passasse a noite de Natal em casa. Nossos filhos estavam se preparando para "acampar" debaixo da árvore de Natal, como faziam todos os anos, e era hora de começar a administrar a NPT de Karis. No instante em que ligamos o recipiente com a solução ao cateter periférico, ela empalideceu e desmaiou. Desliguei a bomba e, desesperada, telefonei para o dr. G em casa, enquanto o resto da família tentava reanimar Karis. O médico nos instruiu a simplesmente não administrar a NPT. Karis recobrou a consciência rapidamente e ainda pôde desfrutar uma noite agradável de comemoração. Na manhã de Natal, porém, a veia se rompeu e tivemos de voltar para o hospital. O único ponto do corpo em que as enfermeiras encontraram uma veia utilizável foi o pé. Como o hospital não permitia que pacientes recebessem alta com um cateter no pé, Karis precisou ficar internada. Apesar de não podermos reunir todos para o almoço de Natal em casa, pelo menos Karis conseguiu aproveitar algumas horas da comemoração na noite anterior.

Na quinta-feira, 26 de dezembro, enquanto o restante da família foi ao hospital, fiquei em casa esperando a Federal Express entregar a encomenda. No fim da tarde, o caminhão estacionou em frente da nossa casa e o rapaz me entregou *dois* pacotes! Perplexa, vi que um tinha sido enviado da Filadélfia, como esperávamos, mas o remetente do outro era de South Bend, Indiana. Mais tarde, descobrimos o que havia acontecido. Um funcionário de uma empresa de suprimentos médicos havia dito ao dr. B que não poderia atender ao pedido por causa dos feriados. Mas, como não conseguia parar de pensar na situação de Karis, passou no depósito da empresa, pegou um cateter e o enviou como encomenda expressa, sem avisar ninguém.

Daí termos recebido não apenas um, mas *dois* cateteres! Minha primeira reação foi me preocupar. Sem dúvida os cateteres eram caros, e nosso plano de saúde só pagaria um. Mas o alívio e a gratidão (e a curiosidade!) acabaram vencendo a preocupação. Deixei um recado para o dr. A avisando que ele poderia realizar a cirurgia na manhã seguinte.

Na sexta-feira cedo, mais uma vez dr. A entrou no quarto de Karis com uma expressão preocupada. Contou-nos o caso de Cristian, um garoto até então saudável, de 17 anos, que havia sofrido uma torção do intestino, um problema chamado vólvulo. A torção havia impedido a circulação sanguínea e necrosado o intestino. Cristian precisava do mesmo tipo de cateter que Karis, pois também teria de depender da NPT por um longo tempo. Mas, como todos sabíamos bem, no momento não havia nenhum cateter daquele tipo disponível no Brasil...

Sem dizer nada, entreguei ao dr. A os dois pacotes da FedEx. Depois de alguns segundos de perplexidade, seus olhos se encheram de lágrimas. Antes de realizar a inserção do cateter em Karis, ele marcou a mesma cirurgia para Cristian. Uma vez que o plano de saúde cobriu o valor de um cateter e o outro não nos custou nada, pois o cirurgião da Filadélfia não quis receber nenhum pagamento, pudemos oferecê-lo a Cristian de graça, como um presente de Natal direto do céu. Como a família de Cristian não tinha plano de saúde, amigos e parentes haviam se reunido para pagar, com muito esforço, a NPT.

Da última vez que tivemos notícias de Cristian, ele estava se recuperando bem com a ajuda da nutrição recebida por meio de seu cateter de Natal.

> [Deus] é capaz de fazer infinitamente mais do que tudo o que pedimos ou pensamos.
>
> Efésios 3:20

Reparação pelos erros
Novembro, 2003

No fim das contas, Karis teve outra infecção no princípio de novembro e não pôde mais usar o cateter. Os médicos em South Bend sugeriram que ela fosse a Pittsburgh para receber um cateter novo, pois não estavam certos de que conseguiriam encontrar uma veia acessível. Viajei um pouco antes do programado para os Estados Unidos a fim de levar Karis a Pittsburgh, onde seria colocado o cateter uma semana antes da data marcada para avaliação de transplante.

Pouco depois que Karis e eu chegamos a Pittsburgh, recebemos a triste notícia de que minha irmã Karen estava com um tipo agressivo de câncer. Deixei Karis no hospital e fui visitar Karen em Nova Jersey. Quando Jan, nossa outra irmã que mora no México, mas estava em Illinois naquela ocasião, ficou sabendo do que estava acontecendo, foi a Pittsburgh fazer companhia a Karis. David e Dan chegaram pouco depois de eu ter retornado a Pittsburgh. Jan resolveu ficar conosco durante a avaliação e nos deu apoio inestimável.

Na primeira reunião de Karis com a equipe de transplante, um dos cirurgiões comentou sobre a ótima aparência de nossa filha e se mostrou surpreso por imaginarmos que ela precisava da ajuda deles. Mais que depressa, deixamos claro que não *queríamos* ter de recorrer a um transplante e ficaríamos extremamente felizes se encontrássemos outra solução.

Passado algum tempo, depois que Karis foi submetida a uma série de exames, dr. S voltou para se desculpar conosco. O quadro que estava se formando com os resultados dos exames era inteiramente oposto à impressão inicial que ele havia expressado. Seu discurso mudou radicalmente: parou de dizer a Karis que precisava se animar e ser forte e comentou que não sabia como ela havia suportado por tanto tempo o grau de disfunção intestinal que os exames mostravam.

À medida que nós cinco — David, Dan, Jan, Karis e eu — recebíamos informações sobre os prós e os contras do transplante intestinal, David e Dan ficavam ainda mais convictos de que esse era o caminho a seguir, enquanto Karis e eu ficávamos ainda mais apreensivas. David e Dan fizeram várias perguntas importantes e pertinentes que Karis e eu não teríamos nos lembrado de fazer e conseguiram manter uma perspectiva mais objetiva e proveitosa. David se envolveu inteiramente no processo de avaliação e nos deu toda a sua atenção e o seu apoio. A dedicação plena a Karis e a mim naqueles dias foi extremamente importante e trouxe cura e esperança para o nosso relacionamento.

No final da semana de avaliação e informação, toda a equipe de transplantes se reuniu no quarto de Karis e anunciou sua conclusão: ela precisava de um transplante do intestino delgado o mais rápido possível. Eles queriam inscrevê-la de imediato como paciente de nível 1, a categoria de maior urgência. Apesar de não ser inesperado, o veredicto nos deixou um tanto abalados. Karis perguntou se podia aguardar mais algumas semanas antes de colocar o nome na lista de espera. Desejava terminar o semestre em Notre Dame e fazer a viagem que ela e Dan haviam planejado, que era passar o Natal com amigos na Turquia. Os médicos não se mostraram muito satisfeitos com a idéia de ela viajar para outro país, mas concordaram em esperar até janeiro para incluí-la na lista.

Levamos Dan à rodoviária, onde ele pegaria o ônibus para Nova York. Jan deixou-nos, David e eu, no aeroporto e levou Karis de volta para Notre Dame numa van que amigos de South Ben haviam nos emprestado. David e eu recebemos um presente inesperado no aeroporto de Pittsburgh. Devido ao mau tempo, nosso vôo atrasou e perdemos a conexão para São Paulo. A empresa aérea se responsabilizou e nos colocou num hotel. Foi como uma míni lua-de-mel. Tivemos 24 horas só para nós, tempo para processar os últimos acontecimentos, conversar sobre algumas implicações futuras e desfrutar a proximidade que havia se restabelecido entre nós nos exaustivos dias da avaliação em Pittsburgh.

O que fez David mudar tanto?! De acordo com sua explicação, depois que marcamos a avaliação para o transplante ele começou a perceber que a saúde de Karis não era a única questão em pauta. Até então não havia priorizado o tempo com Karis em momentos críticos porque eu estava sempre com ela. A seu ver, era redundante que ele ficasse conosco. Mas David finalmente começou a entender que minhas necessidades e meus conflitos emocionais relacionados à saúde de Karis também eram importantes e tornavam sua presença necessária. Começou a se aproximar de mim emocionalmente e decidiu que cuidar de nós era mais importante do que os compromissos marcados para aqueles dias. Sem nenhuma pressão minha ou de qualquer outra pessoa, dispôs-se a mudar sua agenda a fim de estar próximo quando precisássemos dele e descobriu que, ao explicar às pessoas o motivo do cancelamento, todas apoiavam sua decisão.

Creio que um fator importante nesse processo foi minha decisão de superar a co-dependência. Aprendi a andar com as próprias pernas e a me responsabilizar por minhas necessidades e decisões. Abri mão do compromisso interior de tentar agradar a David cuidando de todos os detalhes para que ele pudesse trabalhar sem nenhum empecilho. Ao mesmo tempo que essa atitude desequilibrou o mundo de David, também aliviou a pressão emocional de minha insatisfação para com ele. Como David me explicou, o ego masculino muitas vezes é frágil e ele simplesmente não sabia como interpretar minha mágoa e minha raiva ou lidar com elas. Ao longo de nosso casamento, sua reação instintiva era se distanciar de mim quando percebia que eu estava aflita. Para "recuperá-lo", eu tinha de fazer de conta que tudo estava bem. Quando finalmente desisti de tentar mudá-lo tanto de forma ativa quanto passiva, ele sentiu liberdade de mudar por iniciativa própria.

Como foi maravilhoso ver esse processo se iniciar antes do transplante!

Um anjo de Deus para preparar o caminho
Natal, 2003 a março, 2004

Karis e Dan aproveitaram ao máximo a visita à Turquia, especialmente porque ela não sabia quando poderia viajar para fora dos Estados Unidos outra vez. As enfermeiras do centro médico da universidade a ajudaram a preparar tudo de que precisaria na viagem: NPT, soro para hidratação e respectivos equipamentos. A fim de não ultrapassar o limite de bagagem, Karis não levou quase nada além da parafernália médica e teve de usar roupas que sua anfitriã gentilmente lhe emprestou! O mistério e a magia de Istambul encantaram os dois visitantes: um portal entre a Ásia e a Europa, entre o Ocidente e o Oriente, uma civilização antiga e orgulhosa de suas raízes tentando lidar com os desafios da modernidade.

Enquanto isso, na distante São Paulo, David, Rachel, Valerie e eu procurávamos nos adaptar ao primeiro Natal em que a família não estava toda reunida. E só mais tarde soubemos das dificuldades que Dan e Karis enfrentaram para deixar a Turquia. Diversos atentados com homens-bomba haviam ocorrido nas semanas anteriores, e Karis teve de explicar o que era o tubo de plástico inserido em seu corpo e o equipamento que fazia tique-taque! Afinal, os funcionários do aeroporto na Turquia não estavam acostumados a ver bombas de infusão portáteis para NPT e cateteres centrais. As minuciosas revistas realizadas humilharam Karis, frustraram Dan e os fizeram perder o vôo. Seus anfitriões foram extremamente gentis e os ajudaram a encontrar um caminho alternativo pela Alemanha. Chegando lá, porém, a empresa não queria aceitar as passagens! Quando a situação finalmente se resolveu, Dan retornou ao trabalho na enregelada Nova York, exausto e com alguns dias de atraso. Ainda assim, eles voltaram *com* a NPT e os remédios dos quais Karis dependia. A aventura pareceu muito mais divertida em retrospectiva!

Aquele inverno foi o mais frio de muitos anos na costa leste. Em vez de passear, conforme havia planejado, Karis passou os três dias de visita à cidade de Nova York no apartamento de Dan, abrigada das temperaturas baixas e dormindo para se recuperar do jet lag.

Ao voltar a South Bend, além de começar mais um semestre na faculdade, Karis teria de preencher vários requisitos para ingressar na lista de transplantes. O objetivo era que todos os sistemas de seu corpo estivessem em boas condições antes da cirurgia a fim de prevenir o maior número possível de complicações pós-transplante.

Karis entrou na lista para um transplante isolado de intestino delgado em 15 de janeiro de 2004. Sabíamos que dificilmente seria chamada de imediato, de modo que planejamos viajar para South Bend no início de fevereiro, depois de Valerie voltar às aulas. Quando me despedi de meu marido, de minha filha mais nova e de nossos amigos no Brasil, imaginei que ficaria fora apenas alguns meses. "Quero estar de volta para sua formatura em agosto", garanti ingenuamente a um grupo de apoio. Alguns amigos se ofereceram para hospedar Valerie, que tinha acabado de completar 16 anos, sempre que David precisasse viajar. Havíamos proposto a Valerie que estudasse um semestre nos Estados Unidos, mas ela preferiu permanecer no Brasil.

A princípio, fiquei num dos quartos de hóspedes do dormitório de Karis, um local conveniente, pois pude ajudá-la a guardar tudo o que não usava no dia-a-dia. Colocamos algumas coisas no depósito e outras para o período de recuperação em Pittsburgh, onde passaríamos seis meses. Quando recebêssemos o telefonema avisando da disponibilidade de um órgão, teríamos o intervalo de algumas poucas horas para chegar a Pittsburgh.

Quando outra família precisou do quarto de hóspedes do dormitório, alguns amigos me acolheram em sua casa, que não ficava muito longe do *campus* de Notre Dame. Karis e eu tínhamos de carregar telefones celulares o tempo todo para que o hospital pudesse entrar em contato conosco a qualquer hora e em qualquer lugar. Ela não gostava das interrupções que os celulares causavam nas atividades das pessoas, mas teve de se adaptar a esse estilo de vida.

Em meados de fevereiro, ocorreu o primeiro telefonema do centro de transplantes. Eu atendi. Quando lhe disse do que se tratava, Karis ficou muito pálida e começou a tremer incontrolavelmente. De repente, estava morrendo de medo. "Não posso fazer isso, mãe", disse ofegante. "Diga que eu não vou."

Foi estranho o hospital entrar em contato conosco, pois Karis ainda não havia completado o último requisito para o transplante. O telefonema serviu, contudo, para ajudá-la a despertar para a realidade. Depois de passar pela avaliação em Pittsburgh, minha filha havia concentrado toda a sua atenção na tarefa de concluir o semestre em Notre Dame, na viagem para a Turquia e no início de outro período de estudos. Não havia pensado e orado com calma sobre o transplante como uma decisão sua, e não algo imposto pela equipe médica de Pittsburgh ou por quaisquer outras pessoas.

O telefonema obrigou Karis a refletir sobre os prós e os contras da cirurgia que nos foram apresentados no período de avaliação em Pittsburgh, no mês de novembro. Sabia que, se fizesse o transplante, ficaria vulnerável a doenças graves e a rejeição. Não teria mais liberdade de viajar para onde quisesse ou morar onde desejasse, e outras decisões importantes de sua vida teriam de receber a aprovação dos médicos.

Karis sabia que a cirurgia e o período de recuperação representariam uma longa interrupção em sua vida e suas amizades em Notre Dame. Sabia que medicamentos imunossupressores eram tão caros que muitas decisões teriam de ser tomadas conforme as opções do plano de saúde. Sabia que os transplantes intestinais ainda não tinham histórico de sucesso.

Lembrou-se das palavras do dr. G: "O transplante não é uma solução. É uma troca na qual as dificuldades anteriores são substituídas por novos problemas".

Ao tentar expressar sua angústia, Karis declarou: "Eu preferiria ser estuprada a fazer o transplante".

A pergunta crítica era: além da intervenção espetacular de Deus, restava alguma opção? Essa foi a questão fundamental de que a equipe médica tratou durante a avaliação em Pittsburgh. Na opinião dos cirurgiões, não havia alternativa. Para eles, se minha filha recebesse o transplante, cresceria a probabilidade de ter uma vida mais longa e de melhor qualidade.

Karis tentou visualizar como seria sua vida caso não concordasse em receber o transplante, e a imagem que se formou em sua mente a deixou desesperada. Ela não conseguia mais lidar com as circunstâncias. Estava terrivelmente cansada de se sentir mal. Estava exausta em todos os sentidos. A qualquer momento, uma febre alta poderia sinalizar outra infecção causada pelo cateter. Mais cedo ou mais tarde, não haveria mais onde inserir o cateter central, o único meio de receber os nutrientes necessários para sobreviver. Karis voltaria ao ponto em que estava quando bebê e teria de encarar a perspectiva de morrer de desnutrição.

"Senhor, eu gostaria tanto que o Senhor me curasse e me libertasse disso tudo", ela orava. "Mas, se, de algum modo, o transplante poderá glorificar teu nome, que seja feita a tua vontade." Não era fácil para Karis imaginar *como* seu sofrimento poderia beneficiar outras pessoas ou contribuir para os propósitos de Deus, mas ela sabia que ele tinha poder para curá-la a qualquer momento. O fato de não fazê-lo, apesar das orações fervorosas de cristãos de todo o mundo, significava que ele poderia transformar até o transplante em bênção, por mais improvável que parecesse.

Karis teve mais tempo de pensar e orar ao ser internada, em conseqüência da desidratação causada por uma diarréia que durou vários dias. Os médicos decidiram aproveitar a ocasião e remover os quatro dentes do siso, um pré-requisito para o transplante que ela ainda não havia preenchido. Nem mesmo o rosto inchado e com manchas roxas impediu a visita de vários amigos. Sua aparência não importava para aqueles que gostavam dela! Um desses amigos apelidou o quarto de hospital de "salão de festas da Universidade de Notre Dame".

Assim que recebeu alta e voltou ao *campus*, Karis tentou recuperar as aulas perdidas, mas sem muito sucesso. Sentia-se mal e sempre com dor; estava absolutamente esgotada, lutando para encontrar energia para prosseguir. Desde a infância havia se disciplinado para ignorar a doença em seu corpo de modo a viver além dela, mas a essa altura nem mesmo suas estratégias mais eficazes funcionavam tão bem quanto antes.

Ficou evidente que Karis não podia continuar vivendo desse modo por muito tempo. Daí sua empolgação quando o celular tocou à meia-noite e meia do dia 27 de março e recebemos instruções para estar no hospital às 4 da madrugada. Agora que se sentia preparada para aceitar o desafio, ela despediu-se rapidamente dos amigos e juntou suas coisas. Tivemos de ir a Pittsburgh num táxi aéreo particular, pois nenhuma das opções de vôo que eu havia escolhido com tanto cuidado estava disponível quando mais precisamos. Chegamos em cima da hora graças a um verdadeiro rali do aeroporto até o hospital, no qual o motorista do táxi ignorou todas as regras de trânsito. Sem demora, as enfermeiras começaram a preparar Karis para a cirurgia, a ser realizada às 5 horas.

Quando chegou o momento de ir para a sala de operação, contudo, a cirurgia foi cancelada! Os médicos descobriram irregularidades no intestino do doador. Assim que minha filha recebesse um antídoto para o imunossupressor aplicado no pré-operatório, estaríamos liberadas.

Liberadas para ir aonde? Havíamos passado a noite em claro e, enquanto recebia a infusão de antídoto por via intravenosa, Karis aproveitou para dormir. Depois de avisar a David que ele não precisava mais procurar lugar no próximo vôo para os Estados Unidos, tentei, sem sucesso, acalmar o turbilhão de pensamentos. O que fazer? Não conhecíamos ninguém em Pittsburgh. Havíamos gasto uma fortuna para vir de South Bend e agora não tínhamos mais motivo para estar naquela cidade! No início do horário comercial, descobri que as casas de apoio próximas ao hospital estavam lotadas. Os quartos de hotel eram caros demais, e o serviço médico domiciliar só entregava a NPT em endereços residenciais.

A situação era ideal para uma daquelas surpresas do tamanho de Deus.

> Eis que envio um anjo à frente de vocês para protegê-los por todo o caminho e fazê-los chegar ao lugar que preparei.
>
> Êxodo 23:20

Do diário de oração de John Wesley:

Oh, Senhor Jesus
Entrego a ti meu corpo
Minha alma
Minha essência
Minha reputação
Meus amigos
Minha liberdade
Minha vida.
Faça de mim e de tudo o que é meu
Conforme lhe aprouver.
Não pertenço a mim, mas a ti:
Toma posse de mim por direito,
Guarda-me sob tua proteção,

E ama-me como teu filho.
Luta por mim quando eu for atacado,
Cura-me quando eu for ferido,
E revigora-me quando eu for aniquilado.

Confirmação da Aliança
27 de março a 25 de agosto, 2004

Uma vez que Battle e Carol Brown se envolveram de perto com os acontecimentos diários do período aqui descrito, enviei um rascunho deste capítulo a Carol para que expressasse seu ponto de vista. Incluí suas observações em itálico na forma de "segunda voz" que interage com meu relato.

Minha amiga Pat costuma dizer: "A graça de Deus antevê minhas necessidades".

Esse tipo de experiência, em que deparo com Deus num momento de desespero ou vejo, de repente, algo feito por ele sem que eu percebesse, sempre me pega despreparada. É como se eu me esquecesse de como Deus se preocupa pessoalmente conosco e até com as coisas mínimas que são importantes para nós. Depois de permitir que uma situação terrivelmente complicada me envolva e quase me sufoque com preocupações, descubro a solução preparada por Deus por meio de pessoas e acontecimentos que só se tornam evidentes quando alcanço meu limite. Perceber o que Deus estava fazendo, porém, não significa necessariamente que a solução será rápida segundo os padrões de meu raciocínio linear. Ainda assim, uma surpresa preciosa e maravilhosa que atende perfeitamente à minha necessidade me enche de espanto e reverência diante do amor pessoal de Deus.

Nosso resgate da ala norte do hospital por Battle e Carol Brown no dia 27 de março de 2004 foi um desses momentos mágicos.

Uma amiga de uma amiga de minha irmã me colocou em contato com Carol. Trocamos alguns e-mails, e entendi, equivocadamente, que Carol só poderia nos hospedar por alguns dias e teríamos de avisá-la com antecedência, algo impossível, pois não havia como prever quando seríamos chamados na lista de transplante. Enviei uma mensagem agradecendo e fiquei alguns momentos diante do computador com o dedo sobre a tecla *delete*, pois tenho mania de apagar correspondências e arquivos que não são mais relevantes.

Pensando melhor, quem sabe poderíamos nos encontrar com eles algum dia... Transferi o seguinte *e-mail* de Carol, a seguir transcrito, para minha pasta de mensagens de Pittsburgh e não pensei mais no assunto.

5 de fevereiro de 2004:
"Battle, acabei de encaminhar para você um longo e-mail de Tina Lockett sobre uma família que está à espera de um transplante raro. Podemos conversar depois que você ler a mensagem. Te amo. Beijos."

A correria no trabalho era tanta que só deixei um recado curto na caixa postal do telefone de meu marido. A mensagem de Tina era uma coletânea de e-mails sobre uma jovem estudante de Notre Dame que estava prestes a receber um transplante. Ela e a família precisavam de um lugar para se hospedar em Pittsburgh.

Há meses, eu estava orando sobre nossa casa, uma construção vitoriana com quase cem anos. Battle e eu sabíamos que Deus tinha nos dado aquela casa de presente quando nos casamos. Uma vez que nossos filhos cresceram e foram morar sozinhos, a casa parecia grande demais para nós dois apenas. Era hora de vendê-la e procurar um lugar menor.

A situação com minha mãe também era preocupante. Dez meses antes ela havia sofrido um derrame, e meu pai havia decidido mantê-la na clínica de repouso em que ela estava se recuperando. A clínica ficava a apenas dez quadras da nossa casa, de modo que eu podia visitar minha mãe com freqüência. Com o tempo, percebi que ocorriam mudanças freqüentes na equipe de funcionários e que não havia gente suficiente para cuidar de minha mãe como eu gostaria. Alguns irmãos bem-intencionados sugeriram que eu estava me preocupando excessivamente. A única maneira de me preocupar menos, porém, seria mudar para algum lugar mais distante.

Enquanto continuava a pedir a orientação de Deus, recebi o e-mail de Tina.

Depois de conversarmos e orarmos, Battle e eu entramos em contato com Debbie, no dia 19 de fevereiro, e lhe dissemos que gostaríamos de ajudar. Havíamos reformado o terceiro andar da casa havia pouco tempo e usado o espaço para receber missionários e pastores que estavam de passagem por Pittsburgh. Concordamos que seria apropriado hospedar a família Kornfield.

Continuei a pedir a Deus que provesse um lugar onde pudéssemos ficar em Pittsburgh para não precisarmos nos hospedar na casa de apoio do hospital durante os seis meses de recuperação pós-transplante.

No dia em que o transplante foi cancelado, enquanto Karis dormia, várias pessoas esperavam que eu informasse um endereço para o qual a empresa de cuidados domiciliares deveria enviar o equipamento da NPT. Eu estava à beira do desespero quando me lembrei dos e-mails que havia trocado com um casal de amigos de uma amiga da minha irmã.

Não me lembrava do nome deles e tive de desenterrar o *notebook* do fundo da mala e procurar a mensagem na pasta de "Pittsburgh", agora abarrotada com e-mails diversos. Reli a mensagem de Carol na esperança de encontrar um número de telefone, mas não havia nenhum dado pessoal além dos nomes dela e de seu marido, Battle Brown. Que nome estranho...

Fui até a sala das enfermeiras e pedi uma lista telefônica de Pittsburgh. Para minha surpresa, encontrei o nome e o número de Battle Brown, mas fiquei na dúvida sobre se devia ligar. Como poderia telefonar para pessoas que nunca tinha visto? "Oi. Vocês não me conhecem, mas será que minha filha e eu poderíamos ficar hospedadas em sua casa? São apenas alguns dias, enquanto esperamos uma vaga na casa de apoio...". Carol me ouviu enquanto eu tentava contar minha história e depois disse: "Humm... Preciso de algum tempo para pensar. Ligo de volta para você daqui a pouco".

Quando o telefone tocou, era Battle ligando para dizer como chegar à casa deles. Minha mente sonolenta não conseguiu acompanhar as instruções. Quando ele parou por alguns instantes, perguntei: "Quando eu encontrar um táxi, você pode repetir as indicações para ele?". Ele então perguntou: "Vocês estão sem carro? Vou falar com Carol e ligo de volta."

Alguns minutos depois, Carol me telefonou para explicar que tinha alguns compromissos naquele dia, mas que podia nos buscar no hospital. Precisava fazer uma leitura bíblica no início do culto de sábado à noite, mas podia sair logo em seguida. Retornaríamos à igreja e depois ela nos levaria para a casa deles. Será que podíamos esperar no hospital até o fim da tarde?

Voltei à sala das enfermeiras para avisar que havia encontrado um endereço para passar à empresa de cuidados domiciliares: "É este aqui", eu disse, apontando para o endereço na lista telefônica.

A enfermeira olhou para mim, suspeitando que eu tivesse perdido o controle de minhas faculdades mentais ou simplesmente escolhido um nome qualquer na lista. Telefonou para o número que eu estava indicando e perguntou: "Vocês conhecem uma pessoa chamada Debbie Kornfield? Certo... Mas vocês vão hospedar a filha dela e receber o equipamento e os suprimentos médicos? Podemos registrar seu endereço como o domicílio da família Kornfield em Pittsburgh?".

Battle e Carol nem sequer nos conheciam.

Devido a algumas complicações pelo fato de ser sábado, a empresa de cuidados domiciliares não liberou todo o equipamento e Karis não pôde receber alta naquele dia. Ainda assim, conforme o combinado, Carol passou para me pegar, juntamente com toda a bagagem que eu havia arrastado até a recepção do hospital. A igreja ficava a menos de dois quilômetros do hospital. Quando chegamos, a congregação estava tendo um jantar. Poucos minutos depois de encontrar Carol pela primeira vez, fui recebida de braços abertos por um novo grupo de amigos que pareceram não se assustar com o fato de ela ter levado consigo uma pessoa desconhecida.

Com o estômago cheio depois da deliciosa refeição, quase dormi em cima do prato. Carol notou meu cansaço e mais que depressa me levou para casa, onde me acomodou numa cama confortável. Lembro-me vagamente de ouvir minha anfitriã perguntar algo sobre o café-da-manhã e me dizer que eu podia usar o carro de Battle para buscar Karis no hospital a tempo de irmos à igreja.

O culto foi lindo. Deus estava tão *presente* que Karis e eu choramos a maior parte do tempo. Estávamos em um dos bancos mais à frente, onde Battle e Carol costumavam sentar-se. A pastora deve ter notado nossa emoção, pois no fim do culto veio nos cumprimentar e perguntou se gostaríamos que ela orasse conosco. A oração selou nossa impressão de que havíamos encontrado uma família. Só algum tempo depois ficamos sabendo que a pastora era Tina Lockett, a amiga de minha irmã que havia nos colocado em contato com o casal Brown.

Battle e Carol nos levaram para casa e, depois de um almoço leve, nos deixaram à vontade para cochilar durante a tarde e jantar com eles. Quando acordamos, Karis e eu saímos para caminhar e fomos até a bela igreja presbiteriana de East Liberty. O ar fresco de primavera ajudou a espairecer parte da agitação e confusão do final da semana. Durante o jantar com Carol e Battle, finalmente começamos a conhecer uns aos outros.

No dia seguinte, o pessoal da casa de apoio me telefonou logo cedo para avisar que havia uma vaga para nós. Battle estava saindo para trabalhar quando lhe pedi que me emprestasse o carro mais tarde para levar nossa bagagem. Ele me olhou com uma expressão perplexa e perguntou: "A casa de apoio oferece alguma coisa que nós não temos aqui? Vocês não querem mais ficar conosco?". Demorei um pouco para entender que ele e Carol haviam conversado e decidido nos hospedar pelo tempo que fosse necessário. Enquanto eu tentava assimilar o convite, Battle entrou no carro e foi embora. O expediente de Carol começava bem cedo, e ela já tinha saído. Sem entender muito bem o que estava acontecendo, telefonei para a casa de apoio e cancelei nossa reserva.

Naquela tarde, Karis recebeu outro telefonema do centro de transplantes! Avisei David e o restante da família. Carol havia voltado do trabalho, mas precisava visitar a mãe. Deixou-nos, Karis e eu, no hospital e telefonou para Battle, que saiu mais cedo do escritório para ficar conosco até o momento da cirurgia. Durante as horas em que nos fez companhia, Battle distraiu Karis contando histórias, leu a Bíblia, orou conosco e até conversou com o cirurgião-chefe, a quem conhecia!

Karis entrou na sala de operação por volta das 22 horas. Battle voltou para casa, e eu me preparei para a vigília na sala de espera vazia. Estimava-se que a cirurgia levaria de doze a catorze horas. David ligou para avisar que embarcaria no próximo vôo saindo de São Paulo e chegaria na manhã seguinte. Minha irmã Shari telefonou para dizer que ela e a filha, Elizabeth Joy, tinham ido de carro de Tallahassee a Atlanta, onde pegariam um vôo para Pittsburgh, e esperavam chegar por volta da 1 da madrugada.

Cerca de uma hora depois, um dos cirurgiões entrou na sala de espera. "A cirurgia foi cancelada. Houve um problema com o intestino do doador. Karis está na sala de recuperação. Daqui a pouco você pode falar com ela, mas provavelmente terão de passar a noite aqui no hospital." Karis já havia sido completamente anestesiada e recebido um cateter central numa artéria e cateteres menores em várias veias. Quando os cirurgiões estavam preparados para fazer a primeira incisão, receberam um telefonema na sala de operação pedindo que esperassem. Depois de uma discussão séria com a equipe encarregada de coletar o órgão em Louisiana, decidiu-se que não seria aconselhável arriscar o transplante do intestino disponível.

Meu marido havia embarcado no Brasil, e minha irmã e minha sobrinha, em Atlanta. Enquanto todos estavam a caminho de Pittsburgh, Karis voltara ao quarto da ala norte sem o transplante.

Essa experiência nos deu a convicção de que o transplante poderia, de fato, ocorrer *a qualquer momento*. Dois telefonemas em três dias! Além disso, recebemos a mensagem de uma amiga no Brasil. De acordo com ela, Deus havia lhe mostrado que o transplante ocorreria em março. Ainda restavam dois dias no mês de março, de modo que resolvemos esperar e ver o que aconteceria. Só então decidiríamos se seria melhor levar Karis de volta para Notre Dame, ficar em Pittsburgh ou pensar em alternativas.

Nos dias seguintes, Shari e Elizabeth, que tinham morado por vários anos nos arredores de Pittsburgh, nos mostraram a cidade e nos apresentaram a alguns amigos. Emily, uma amiga de Elizabeth, levou Karis à reunião de um grupo da igreja episcopal que se tornou rapidamente sua segunda família em Pittsburgh depois da igreja de Battle e Carol. O ânimo e a ajuda prática de Shari e Elizabeth nos ajudaram a nos recuperar do choque do cancelamento de dois transplantes e a considerar os próximos passos naquela situação confusa. David aproveitou a visita para conhecer Battle e Carol e se certificar de que Karis e eu estávamos bem acomodadas em Pittsburgh. (David e eu não nos víamos havia quase dois meses.)

As últimas horas de março passaram, e o mês de abril começou sem nenhum telefonema do centro de transplantes, mostrando que a previsão de nossa amiga na verdade foi apenas um reflexo do anseio de seu coração. Karis estava exausta, doente e desgastada demais, e também atrasada demais com as aulas para considerar seriamente a idéia de regressar a Notre Dame. Certas de que voltaríamos a ser chamadas a qualquer momento, decidimos aceitar a hospitalidade do casal Brown e permanecer em Pittsburgh, sempre à espera de outro telefonema, sempre pensando no que fazer a seguir. Escrevi para meus outros filhos: "Se o transplante fosse hoje ou amanhã, Karis teria de ficar mais seis meses em recuperação, ou seja, até outubro, e só poderia voltar às aulas em janeiro. Creio que devemos planejar a passagem do Natal em Pittsburgh...".

Com a visita de Shari e Elizabeth, nossos anfitriões logo descobriram que tínhamos uma família grande e que se preocupava conosco. Em momento nenhum Battle e Carol deixaram de receber de braços abertos não apenas Karis e eu, mas vários parentes e amigos de lugares como Califórnia, Colorado, Connecticut, Iowa, Illinois, Indiana, Washington DC, Michigan, Alabama, Nova Jersey, Flórida, México, Bolívia e Brasil que vieram nos visitar. Todos foram recebidos com carinho na casa. vitoriana de três andares e abençoados pela hospitalidade de Battle e Carol.

Mais tarde pude saber o que se passara no coração de Carol:

Ao testemunhar as incontáveis vigílias de Debbie junto de Karis no hospital, creio que Deus respondeu às orações acerca de como eu devia lidar com minha mãe. Tentei obter a colaboração de meus irmãos a fim de contratarmos uma enfermeira particular para cuidar dela na clínica onde estava em caráter definitivo. Quando não obtive sucesso, fiquei sem saber como ajudá-la. "Senhor, o que devo fazer? Mostre-me qual é meu papel em relação a minha mãe. Ensine-me a lidar com os membros, antes próximos, da família que estão com raiva de mim por eu me envolver com os cuidados para com ela."

Enquanto eu observava como Debbie era atenciosa em seu papel de cuidadora, parecia ouvir Deus me dizendo: "Caminhe lado a lado com sua mãe da mesma forma que Debbie caminha com Karis. Faça-lhe companhia. Leia para ela. Ore por ela. Coloque-se à disposição daqueles que estão cuidando dela". Comentei com Battle que nossas hóspedes do terceiro andar eram mensageiras enviadas por Deus. Estranho, não? Ao ver uma

mãe cuidar de sua filha, aprendi algo sobre meu papel de filha no cuidado de minha mãe. Obrigada, Senhor, por abrir meus olhos.
[...]
Mais hóspedes! Agora sim! Eu havia me esquecido como é gostoso ter uma casa cheia de gente. Talvez seja porque cresci numa família com doze filhos. Obrigada, Deus, por esta família temporária para preencher o vazio. Peço-lhe que restaure o relacionamento com meus irmãos.

"A graça de Deus antevê minhas necessidades."

Toda vez que eu despertava naquela cama incrivelmente confortável, agradecia pela bondade do casal Brown e pedia ao Senhor que retribuísse com ricas bênçãos.

Ao olhar para trás, vejo com clareza quanta coisa boa Deus fez durante os longos dias de espera que se transformaram lentamente em semanas e meses. Mas não foi nada fácil para mim passar por esse período. Gosto de situações organizadas, de fazer planos e executá-los. De repente, vi-me impossibilitada de planejar mais do que algumas horas adiante, ciente de que até mesmo esses pequenos programas poderiam ser interrompidos caso o hospital ligasse, Karis não se sentisse bem ou as consultas de rotina atrasassem, como costumava ocorrer. Eu não podia controlar quase nada ao meu redor.

Com o passar do tempo, David e eu começamos a nos angustiar com a situação. Precisávamos decidir o que seria melhor para nossa filha Valerie, então com 16 anos e ainda no ensino médio. Devíamos ficar todos nos Estados Unidos? E se David pedisse uma licença do trabalho no Brasil? Já que ele viajava tanto, não seria melhor Valerie vir morar conosco em Pittsburgh? Mas não conhecíamos quase ninguém na cidade... Que tipo de vida Valerie teria depois que Karis fosse chamada para o transplante? Não seria melhor para ela morar com uma família mais estável nos Estados Unidos, talvez com tios e primos? Uma vez que Valerie expressou claramente seu desejo de permanecer no Brasil, onde ela ficaria enquanto o pai viajava a trabalho ou nos visitava em Pittsburgh? Uma das coisas mais difíceis para mim durante aquele período foi não poder ficar perto de Valerie. Como eu queria ser capaz de estar em dois lugares ao mesmo tempo!

Decidimos que David continuaria a trabalhar no Brasil e visitaria Karis e a mim sempre que pudesse. Tivemos de reavaliar essa decisão várias vezes ao longo dos meses e anos seguintes, mas sempre voltamos ao mesmo lugar. Durante a semana, Valerie ficaria com Ted e Claudia, um casal de amigos da escola e, nos fins de semana, na casa de famílias da igreja.

Deus fez tantas coisas boas. Acima de tudo, Karis pôde descansar e criar um ritmo de vida que conseguia acompanhar. Seu estado físico e, a meu ver, seu estado emocional melhoraram consideravelmente em poucas semanas. Ao contrário dos médicos que sempre julgaram o transplante essencial no caso de Karis, chegamos a imaginar se, de fato, era necessário. Ela passava metade do tempo se sentindo mal, sem disposição para sair e realizar qualquer atividade. Na outra metade do tempo, contudo, sentia-se bem o suficiente para explorar os encantos de Pittsburgh e passear nos lindos parques estaduais ao redor da cidade. Depois que compramos uma bicicleta de presente para Karis em seu aniversário de 21 anos, em maio, uma amiga me emprestou outra bicicleta para que passeássemos juntas. Ao longo dos meses de espera, Karis conseguiu terminar os trabalhos de faculdade pendentes do segundo semestre de 2003. Teve tempo, também, de desenvolver amizades em Pittsburgh. Começamos a nos sentir parte da comunidade, um elemento fundamental para nós nos meses subseqüentes.

Eu refletia com freqüência sobre o privilégio de passar esse tempo com Karis sem grandes crises médicas nem tensões externas. Não poderia ter pedido uma companhia mais agradável e interessante nos meses de espera. Nesse período, os cuidados médicos com cateteres, NPT, medicamentos por via oral, exames de sangue e consultas semanais eram relativamente simples.

No final de maio, quando Karis passou uma noite na UTI com febre alta e pressão sanguínea extremamente baixa, encontramos uma família brasileira cujo filho de 2 anos de idade havia recebido um transplante e fizemos amizade com eles. Com o tempo, encontramos outras famílias brasileiras e pudemos matar a saudade do Brasil. Aproveitei a oportunidade para traduzir para o português boa parte do material explicativo sobre transplantes e, desse modo, facilitar a comunicação entre a equipe do hospital e os pacientes brasileiros no futuro.

Apesar de todas essas bênçãos, à medida que os dias se transformavam em semanas de espera eu lutava com a confusão e a frustração. Estávamos no lugar errado, fazendo algo que não devíamos? Deus estava tentando me ensinar algo e eu era lenta demais no aprendizado?

Minha impressão era que Deus havia removido sistematicamente grande parte das coisas que antes pareciam tão naturais: a vida em família no Brasil, o lugar que havíamos adotado como nosso novo lar, a casa e as funções "normais" de esposa e mãe, a igreja e os amigos, as atividades na equipe missionária, no ministério e na escola de nossos filhos. A certeza de quem eu era e em que devia investir. Coisas pequenas que eu gostava de fazer, como tocar flauta com o grupo de louvor da igreja, jogar futebol com outras mulheres nas noites de quinta-feira, torcer por meus filhos e seus amigos em competições e prestigiá-los em apresentações musicais e peças teatrais da escola, ver Deus operar milagres na vida dos outros e proporcionar cura interior por meio da oração.

Eu me esforçava para manter o compromisso de bendizer ao Senhor todos os dias. Na verdade, havia motivos de sobra para agradecermos a Deus ao vê-lo cuidar de todas as nossas necessidades em Pittsburgh. Muitas vezes, porém, eu o bendizia por obediência, e não por verdadeira gratidão. Comparada com o ritmo intenso da vida no Brasil, a nova rotina exigia pouco de mim, mas viver de modo agradável a Deus em meio àquelas limitações foi um dos desafios mais difíceis.

Em Pittsburgh eu não passava de uma extensão necessária de Karis; essa parecia ser minha identidade no momento. Tive de lidar com a falta que sentia de ser "alguém" no Brasil: palestrante em congressos e igrejas, conselheira e professora, coordenadora de pequenos grupos, respeitada como esposa de um líder cristão.

Certo dia, enquanto eu expressava esses sentimentos a Deus, ele me respondeu de maneira bastante específica com o salmo 37 e me ajudou a entender quais eram as diretrizes para mim enquanto estivéssemos em Pittsburgh. Suas instruções me moldaram, fortaleceram e ancoraram durante nossa estada lá. Afinal, quem poderia imaginar que Karis e eu ficaríamos hospedadas por dois anos e meio no terceiro andar da casa de Battle e Carol Brown?!

1. Confie no Senhor. Ele está no controle. Tem propósitos e planos, e *os cumprirá*.
2. Faça o bem. Aproveitar as oportunidades que surgem todos os dias.
3. Habite na terra. Aquietar-me, envolver-me, criar novas raízes, deixar de ser apenas visitante. Não estou perdida. Fui colocada num lugar específico.
4. Desfrute segurança. Aquilo que o casal Brown, a igreja deles e amigos carinhosos têm provido por meio de ajuda financeira. Aproveitar esse tempo de segurança antes de ter de enfrentar os perigos associados ao transplante.
5. Deleite-se no Senhor. Desfrutar períodos de oração, estudo e meditação, bem como os cultos na igreja.
6. Entregue o seu caminho ao Senhor. Deixar que ele seja Senhor! Procurar ouvir sua voz e segui-lo. Entregar-lhe conscientemente minha compulsão por controle.
7. Descanse no Senhor. Parar de resistir; aceitar a realidade presente e encontrar Deus em meio às circunstâncias.
8. Aguarde por ele com paciência. Esperar o Senhor realizar o plano dele para Karis.

9. Não se aborreça. Interceder em vez de me preocupar. Agir quando for possível e deixar o restante nas mãos de Deus.
10. Confie nele. Quanto ao encaminhamento da situação de Karis, Val, David e eu, quanto a outros pacientes de transplante com os quais tenho me relacionado e me apegado.
11. Dê com generosidade. Dedicar meu tempo, meu trabalho, minhas orações, meu dinheiro com a mesma generosidade com que temos recebido essas dádivas.
12. Espere no Senhor e siga a sua vontade. Ser disciplinada e fiel nas pequenas coisas.

Enquanto isso, Deus também trabalhava o coração de Carol:

Grande parte da estada de Debbie e Karis conosco foi marcada por tristeza e confusão acerca da situação de minha mãe e de Karis. Experimentamos, também, mudanças importantes no trabalho e na igreja. Durante uma de minhas visitas a Debbie no terceiro andar, vi uma lista de propósitos espirituais afixada à porta da geladeira. Li a lista com cuidado e tive vontade de gritar, pois os itens 7, 8 e 9 pareciam tão impossíveis! Ao tomar consciência, mais uma vez, de minhas falhas, só me restou pedir a misericórdia de Deus, o que provavelmente é um bom ponto de partida.

Em julho, a questão de onde Valerie viveria no próximo ano letivo se tornou urgente. Pedi a ela que escolhesse três famílias com as quais gostaria de morar em São Paulo e contatei cada uma delas. Ninguém pôde atender ao nosso pedido. À medida que o início do ano escolar se aproximava (na PACA as aulas começam em 4 de agosto), pedi a Deus orientação específica. Lembrei-me de um casal com que havia me encontrado, mas não conhecia muito bem. Eram jovens e tinham um filho de 2 anos. Não fazia sentido. Eu havia imaginado que Valerie moraria com a família de algum de seus amigos.

Tive certeza, porém, de que devia pelo menos entrar em contato com o casal. Escrevi para uma amiga que sabia o telefone deles. Quem diria? Havia algum tempo vinham orando para que sua casa, grande demais para uma família de três pessoas, fosse usada por Deus como lar para mais alguém. Na época não sabíamos que Valerie viveria por dois anos com eles e estaria por perto para se divertir com Ethan, o garotinho, e compartilhar da alegria da família pela adoção de um bebê brasileiro.

No dia 14 de agosto, Karis finalmente recebeu outro telefonema do hospital de transplantes (o primeiro desde 29 de março). Mas, como das outras vezes, passamos por todo o procedimento pré-cirúrgico só para descobrir que a cirurgia teria de ser cancelada.

No dia 23 de agosto, li um artigo sobre um garoto que morreu na mesa de operação. Meu coração se encheu de medo que logo se transformou em pânico. Eu tinha certeza de que nunca mais poderia deixar Karis entrar numa sala de cirurgia. Naquela noite, não consegui pegar no sono de tanta preocupação com o que faríamos quando recebêssemos outro telefonema do hospital. Minha vontade era arrancar minha filha da cama, fugir para algum lugar bem longe daquela cidade e nunca mais pensar em transplantes.

Por fim, consegui cochilar um pouco, mas acordei sobressaltada na manhã seguinte com uma voz que parecia falar de modo audível: "Levante-se, vista-se e vá à igreja". Eram 7h10. Eu sabia que a igreja tinha um culto às quartas-feiras às 7 da manhã, mas nunca havia participado. *Estou ficando louca e ouvindo vozes. Quando eu conseguir chegar à igreja, o culto já estará no fim.* Virei-me para o outro lado e me aconcheguei ao travesseiro novamente. Da segunda vez, a voz foi mais urgente: "Levante-se, vista-se e vá à igreja". *Tá bom, tá bom, já ouvi!* Devo estar ficando louca mesmo. Talvez seja muito estresse, pensei. Vesti alguma coisa, rabisquei um bilhete para Karis, peguei o carro de Battle (ele ia trabalhar de ônibus para que pudéssemos usar seu carro), e rumei para a igreja, tão rápido quanto o limite de velocidade permitia. Entrei, bem quietinha, a tempo de ouvir as últimas palavras do sermão: "Não temas".

Três horas depois, recebemos outro telefonema do hospital. Dessa vez, a cirurgia não seria cancelada.

As palavras "não temas" significariam muito mais do que apenas "Deixe Karis ser operada".

O ALTAR DE HOLOCAUSTO
25 de agosto a 9 de novembro, 2004

Suponhamos que Deus deseje lhe ensinar a dizer "Sei estar humilhado". Você está pronto para ser oferecido como sacrifício desse modo? Está pronto para ser menos do que uma gota no oceano, para se tornar tão completamente insignificante de modo a nunca mais ser associado à vida que você servia? Está disposto a se gastar e se deixar gastar, a não procurar ser ministrado, mas a ministrar? [...] cuide para não dar lugar à autopiedade quando o fogo for aceso.

Procuramos visões do céu, terremotos e trovões do poder de Deus e nem sonhamos que Deus sempre esteve nas coisas e pessoas comuns ao nosso redor. Se realizarmos a tarefa que está à mão, veremos o Senhor [...] A divindade de Jesus Cristo se concretiza nas coisas mais comuns.[1]

A cirurgia de transplante começou às 22 horas. Nossa querida amiga que também se chama Débora, sempre tão preocupada conosco, me fez companhia durante a vigília na sala de espera. Encarregamo-nos

---

[1] Oswald CHAMBERS, *Tudo para Ele*. Belo Horizonte: Betânia, 1988. Dias 5-7 de fevereiro.

de cuidar do pequeno Ricardo, o garotinho de 2 anos que havíamos conhecido na UTI logo depois de ele receber o transplante, pois sua mãe precisava urgentemente de uma boa noite de sono e, para nós, era fácil lidar com NPT, soro e medicação.

Enquanto os cirurgiões trabalhavam e o pequeno Ricardo dormia em sua cama improvisada na sala de espera, Débora e eu montamos um lindo quebra-cabeça de um anjo com as asas abertas sobre uma criança. Aquela imagem simbolizou de forma visível o que sabíamos que estava acontecendo na sala de operação no fim do corredor. Também nos deu algum consolo ao orarmos fervorosamente pela família que havia doado o intestino de seu filho, um menino de 11 anos tirado deles de forma repentina e traumática.

Completamos o quebra-cabeça pouco antes das 6 horas, o horário de administrar a NPT de Ricardo. Bea, uma amiga da igreja, trouxe tanta comida para o café-da-manhã que foi suficiente para repartir com todos os amigos que apareceram na sala de espera com o início do novo dia. Lembramo-nos do aniversário de Ted, o missionário responsável pela criação e administração do site de Karis e "tio" favorito de todos os nossos filhos quando estávamos no Brasil.

Megan e Emily, amigas do grupo da igreja episcopal, foram buscar Dan, cujo carro emprestado havia quebrado a uma hora de viagem de Pittsburgh. Eles entraram na sala de espera exatamente no momento em que um dos cirurgiões explicava, exausto porém satisfeito, que a cirurgia havia corrido muito bem. O intestino doado era perfeitamente saudável e do tamanho certo para Karis. Quando lhe perguntamos como estava o intestino removido, ele respondeu: "Em péssimo estado! Ficamos felizes em nos livrar dele". Uma vez que Karis se encontrava forte e estável antes da cirurgia, os médicos esperavam uma recuperação rápida.

A princípio, tivemos a impressão de que ela quebraria todos os recordes de convalescença de transplante. Ao fim do primeiro dia insistiu para removerem o tubo de respiração, e depois de três dias já estava fora da UTI. Teve alguns sinais de rejeição, mas nada além do esperado.

Num período recorde de cinco semanas, começamos a nos preparar para levá-la para casa. E, de fato, ela passou o fim de semana em seu lar.

Na terça-feira, depois de três dias maravilhosos longe do hospital, levamos Karis de volta para a primeira endoscopia e biópsia do intestino novo depois da alta. Quando estávamos quase chegando em casa, meu celular tocou. "Karis vai precisar voltar para o hospital. Está ocorrendo uma nova rejeição. Não parece ser nada sério, mas precisamos mantê-la internada por mais alguns dias."

Os esteróides não funcionaram.

Os médicos receitaram drogas mais potentes.

Também não deram resultado.

Aplicaram drogas ainda mais fortes, do tipo que só se pode tomar durante um total de doze dias ao longo da vida ou os próprios remédios matam o paciente.

Depois de onze dias, tudo indicava que os mocinhos estavam vencendo. As imagens da endoscopia feita através da ileostomia foram bem mais animadoras.

Como se sentia melhor, Karis recebeu permissão de deixar o hospital por algumas horas para visitar uma exposição de plantas de outono nas estufas do Jardim Botânico de Pittsburgh. Ninguém podia imaginar que a água usada para regar as plantas nas estufas estava contaminada com um organismo minúsculo chamado *Legionella*. Todos aqueles que visitaram a exposição respiraram o ar com gotículas de água contaminada. O nível extremo de imunossupressão, contudo, deixou Karis vulnerável a um tipo de pneumonia chamado legionelose, ou "doença do legionário". Só descobrimos isso vários dias depois.

Entrementes, Karis começou a ter hemorragia intestinal e perdeu toda a disposição e o apetite. Em 2 de novembro, Tina e eu a carregamos até um posto eleitoral para votar nas eleições presidenciais e depois a pusemos de volta na cama. Logo em seguida, vieram a tosse e a dificuldade de respirar.

A princípio, ninguém sabia do que se tratava. Karis estava em coma, ligada a um respirador, e piorando visivelmente com o passar dos minutos. Os médicos tentaram tudo o que podiam, mas nada funcionou. Transferiram-na de um respirador normal para outro com um oscilador, um equipamento horrível que faz o corpo estremecer cada vez que força oxigênio para dentro dos pulmões. Vinte e quatro horas depois do início dos problemas respiratórios, apenas uma pequena região da parte superior dos pulmões não havia sido afetada pela infecção. Os médicos não deram nenhuma esperança. Sentei-me na sala de espera da UTI com nosso pastor e planejei o funeral de Karis. Ele também estava planejando o funeral de nossa amiga Marta, que tinha falecido naquela semana. Conversamos sobre como poderíamos coordenar tudo de modo que a vida de Marta e a de Karis pudessem ser devidamente celebradas.

Para entender o milagre que Deus operou, preciso voltar um pouco no tempo e contar alguns detalhes.

Uma vez que a endoscopia feita através da ileostomia não revelou a origem da hemorragia intestinal de Karis, na quarta-feira, dia 3 de novembro, ela foi submetida a uma tomografia do abdômen. Na quinta de manhã, foi levada para a sala de operação, onde recebeu anestesia geral para que os médicos pudessem inserir um endoscópio pela garganta e ver o intestino de outro ângulo, um procedimento relativamente rápido. Na sala pré-operatória, o anestesista quis saber por que Karis estava usando oxigênio. Ela explicou que havia tido dificuldade de respirar na noite anterior. Não parecia ser nada sério, mas ela sentia que estava respirando melhor com o oxigênio. Beijei Karis e acenei enquanto ela era levada para o centro cirúrgico. Esperava vê-la novamente em mais ou menos uma hora.

Enquanto isso, um dos cirurgiões do transplante examinava as imagens da tomografia realizada na noite anterior. Uma pequena região dos pulmões de Karis apareceu "por acidente" no exame. O cirurgião observou a presença de estruturas semelhantes a nódulos na base dos pulmões. Assustado com a possibilidade de que fosse uma infecção por fungo, ligou para a sala de operação e pediu que aproveitassem a anestesia para realizar uma broncoscopia. A equipe médica chamou um pneumologista, e eu tive de assinar uma permissão para que o exame fosse realizado.

O pneumologista ficou tão preocupado que, em vez de despertar Karis da anestesia, enviou-a diretamente da sala de cirurgia para um respirador na UTI. Amostras de tecido dos pulmões foram enviadas para cultura no laboratório. Enquanto os resultados não ficavam prontos, Karis recebeu medicamentos para o problema mais provável, uma infecção por fungos. Por via das dúvidas, os médicos também administraram antibióticos de amplo espectro para o caso de ser outra coisa.

De fato, *era* outra coisa. Nem os antibióticos nem os antifúngicos funcionaram. Não era o tratamento certo, mas ninguém sabia por quê. Em poucas horas, Karis estava morrendo.

A assistente social e o capelão do hospital vieram nos oferecer apoio. Uma sala de espera especial foi separada para nós. Não podíamos ficar na UTI com Karis, pois havia várias pessoas trabalhando com todo o afinco para salvar a vida dela. Enquanto isso, David tentava encontrar lugar num vôo para ele e Valerie. Dan chegou de Nova York, e Rachel, de Wheaton. Amigos da igreja em Pittsburgh se revezavam a nosso lado, orando e chorando conosco, e traziam lanches que ninguém tinha apetite para comer.

Na sexta-feira à tarde, o chefe de infectologia veio conversar conosco na sala de espera. "Temos uma pontinha de esperança", disse ele.

Haviam identificado o organismo causador da infecção: chamava-se *Legionella*, uma bactéria da qual ninguém jamais teria suspeitado. Só haviam conseguido identificá-la com tanta rapidez porque o especialista do laboratório que estava examinando as culturas de Karis "por acaso" havia escolhido essa bactéria como tema de sua pesquisa de doutorado! O médico nos disse que, a seu ver, ninguém mais no hospital poderia ter identificado o organismo.

Enquanto conversávamos, os infectologistas consultavam um grande centro de pesquisas de infectologia e um hospital de veteranos para descobrir como tratar a legionelose. A questão era se a equipe da UTI conseguiria manter Karis viva tempo suficiente para que os antibióticos certos fizessem efeito. Cada hora durante a qual Karis permanecia viva alimentava a fagulha de esperança. Se ela sobrevivesse até o dia seguinte, poderíamos dizer que a fagulha havia se transformado numa pequena chama.

Dr. M, o cirurgião-chefe da equipe de transplante, orou conosco na sala de espera. Dan e Rachel insistiram em que eu fosse para casa e dormisse um pouco enquanto eles prosseguiam com a vigília. Não havia nada que eu pudesse fazer no hospital, e precisava recobrar pelo menos parte das forças para enfrentar os acontecimentos do dia seguinte, quaisquer que fossem. Amigos brasileiros usaram sua influência para conseguir que David e Valerie embarcassem num vôo na sexta-feira à noite e chegassem a Pittsburgh via Newark no sábado pela manhã. Uma vez que não teriam acesso a nenhuma notícia durante o longo vôo, quando desembarcassem em Newark não saberiam se Karis ainda estaria viva.

É impossível explicar como ela sobreviveu àquela noite. Os médicos da UTI comentaram conosco algum tempo depois que nunca um paciente jovem e tão doente havia sobrevivido naquela UTI.

Sem dúvida, Deus desejava que Karis vivesse. Se uma das seguintes circunstâncias tivesse sido diferente, ela teria morrido:

1. A tomografia agendada para depois do expediente na noite de quarta-feira.
2. A inclusão da parte inferior dos pulmões nas imagens da tomografia.
3. A endoscopia na quinta-feira de manhã, realizada devido à hemorragia intestinal, e não por causa dos pulmões.
4. O momento em que o médico avaliou os resultados da tomografia, em tempo hábil de pedir que a broncoscopia fosse feita junto com a endoscopia. Os médicos nos informaram que, se a broncoscopia tivesse sido realizada algumas horas mais tarde, Karis não teria resistido ao exame. A broncoscopia revelou quanto os pulmões estavam comprometidos, indicou a necessidade do respirador e permitiu a cole-

ta de material para cultura. Graças à cultura, foi possível descobrir que antibiótico devia ser administrado.
5. O fato de a única pessoa do hospital capaz de reconhecer a bactéria *Legionella* logo no início do processo de cultura haver ficado encarregada do material de Karis.

Mais um detalhe interessante: durante o coma, Karis teve pesadelos terríveis nos quais sofria abusos de todo tipo, mas sempre *soube* que não morreria. Para ela, mesmo nos sonhos do coma, a preservação de sua vida era um fato.

Nós, que só podíamos observar e esperar, não tínhamos a mesma certeza. Em pé na UTI, ao lado do corpo inerte de Karis, cercada de equipamentos e enfermeiras atarefadas que tentavam normalizar os sinais vitais, eu lutava em oração para entender o que Deus estava fazendo. Aquela cama era o altar onde a vida de Karis aqui na terra seria consumida? Profundamente angustiada com o sofrimento de minha filha, ofereci-a repetidamente a Deus, dizendo com todas as forças que me restavam: "Seja feita a tua vontade". Num desses momentos, dr. M entrou no quarto e, para espanto dele e meu, eu disse: "Deus quer que ela viva. Ela quer viver". Naquele momento, creio que dr. M, um homem de oração, entendeu até melhor do que eu. Minhas palavras iam além de meu próprio conhecimento.

Mesmo quando os antibióticos começaram a funcionar, o caminho de volta foi longo. Os médicos avaliavam de hora em hora se Karis estava forte o suficiente para ser submetida à cirurgia de remoção do intestino transplantado. A equipe de transplante explicou que havia interrompido os imunossupressores, pois era impossível salvar o intestino, que estava em péssimo estado, como as imagens da endoscopia mostraram, e salvar a vida de Karis ao mesmo tempo. Ela precisava do sistema imunológico para combater a legionelose. Os médicos tinham de identificar o curto intervalo entre o momento em que os pulmões dela estariam fortes o suficiente para passar pela cirurgia e o momento em que morreria por infecção generalizada e rejeição ao transplante.

BEZALEL E AOLIABE
10 de novembro, 2004 a dezembro, 2005

Disse então o SENHOR *a Moisés: Eu escolhi Bezalel, filho de Uri, filho de Hur, da tribo de Judá, e o enchi do Espírito de Deus, dando-lhe destreza, habilidade e plena capacidade artística [...] Além disso, designei Aoliabe, filho de Aisamaque, da tribo de Dã, para auxiliá-lo. Também capacitei todos os artesãos para que executem tudo o que lhe ordenei.*

Êxodo 31:1-3,6

Na quarta-feira, disseram-nos: "Hoje é o dia decisivo. É agora ou nunca". Nossos "artesãos capacitados" eram dr. M, dr. B e três drs. S. A operação para remover o intestino infectado e necrosado de Karis enquanto seus pulmões se encontravam tão comprometidos seria muito mais difícil do que qualquer cirurgia de transplante. Toda a equipe de transplantes estava presente, bem como um dos médicos-chefes da UTI, que trataria exclusivamente de ajudar o anestesista a manter Karis respirando. Como era bom ter a família inteira reunida na sala de espera em vez de aguardar sozinha, como havia acontecido durante várias cirurgias de Karis!

Nosso querido amigo Ted, cujo aniversário havíamos comemorado no dia do transplante, veio do Brasil para ficar conosco. Ted nos fez companhia durante a longa e ansiosa espera, que a qualquer momento poderia ser quebrada pelo aviso de que Karis não havia sobrevivido. Depois de derramarmos nosso coração diante de Deus em oração, Dan colocou seu *notebook* numa das mesas da sala para assistirmos a um filme leve enquanto esperávamos o tempo passar.

"Terminou. Ela conseguiu!" Enquanto comemorávamos a notícia dada pelo cirurgião, não podíamos deixar de perceber a ironia: estávamos exultando por voltar à estaca zero, ou melhor, muito menos que zero, pois Karis ficara sem intestino. O transplante havia fracassado. Karis só saberia um mês depois, quando recobrasse a consciência. Os médicos nos informaram que levaria pelo menos seis meses para Karis ter condições de ser colocada de volta na lista para receber outro intestino. Mas onde há vida há esperança!

De acordo com os cirurgiões, o intestino transplantado estava tão deteriorado que, mesmo sem a legionelose, seria apenas uma questão de tempo, talvez apenas mais alguns dias, até ela perdê-lo. Seu corpo não gostou daquele intestino e o rejeitou com todas as suas forças. Claro que teria sido muito mais fácil lidar com a situação sem os problemas pulmonares.

No fim de novembro, recebemos a informação de que Karis havia chegado ao limite do plano de saúde para o resto da vida. Mais que depressa, o consultor financeiro da equipe de transplantes tomou todas as providências para transferir Karis para o sistema público de saúde do estado da Pensilvânia. Ainda assim, no período de transição de um plano para o outro, acumulou-se uma conta de milhares de dólares que nenhum dos planos aceitou pagar. O modo como Deus proveu esse dinheiro rende outra história.

Em dezembro, com a melhora do estado de Karis, os médicos suspenderam as drogas que a mantinham em coma e a tiraram gradualmente do respirador. Mal ela teve tempo de registrar o fato de que havia perdido o intestino transplantado e foi acometida de outra pneumonia, dessa vez viral e fúngica.

Voltou ao coma e ao respirador, com mais de 41 °C de febre, e outra vez a equipe médica teve de lutar para salvar sua vida.

Você já esteve em uma UTI? Imagine-se num espaço pequeno e fechado, praticamente sem ligação com o mundo exterior. Nenhuma janela, nenhuma separação clara entre dia e noite. Zunidos, cliques e bipes de um sem-número de equipamentos de alta tecnologia. O clima tenso de luta pela vida, não apenas a sua própria, mas, nesse caso, de mais 23 pacientes, a maioria crianças. As mortes inevitáveis que levavam pequenas vidas às quais havíamos nos apegado e devastavam famílias com as quais compartilhávamos aquele confinamento surreal.

Em sua soberania, Deus permitiu que meu filho Dan ficasse sem emprego nessa época. Dan passou horas, dias, semanas em Pittsburgh, fazendo-me companhia e ajudando-me a encontrar tempo para dormir, comer, espairecer um pouco. Seu valioso apoio contribuiu para que nossa família sobrevivesse a tamanha provação. E, quando o pior passou e Karis saiu da UTI, Deus providenciou para Dan o excelente emprego em Washington DC no qual ele trabalha até hoje.

A princípio, Karis precisava de duas enfermeiras para monitorá-la 24 horas. Depois de certo período, uma em tempo integral conseguia dar conta do trabalho. Como era um hospital universitário as enfermeiras aproveitavam para orientar alunos ou enfermeiras novas na unidade e "usavam" Karis para treiná-las. À medida que o número de fios, tubos e máquinas ao redor da cama e de procedimentos a ser realizados de hora em hora diminuíam, Karis passou a prescindir de uma enfermeira só para ela. Foi um sinal claro de melhora.

Enquanto minha filha estava em coma, fazíamos todo o possível para que sempre houvesse alguém a seu lado para conversar e orar com ela, tocar música, cantar, ler, segurar sua mão, massagear suas costas, ajudar as enfermeiras a mudá-la de posição na cama, escovar seu cabelo, enfim, qualquer coisa que pudesse lhe proporcionar conforto e segurança. Não sabíamos quanto ela era capaz de ouvir ou sentir. Queríamos mostrar que estávamos a seu lado, lutando com ela, apoiando-a de todas as maneiras. Orávamos constantemente por proteção espiritual para ela naquele momento de vulnerabilidade.

Uma passagem da Bíblia me tocou de forma especial durante as horas intermináveis em que estive confinada com Karis na UTI. Salmos 18:19 diz: "Trouxe-me para um lugar espaçoso; livrou-me, porque ele se agradou de mim" (RA). Comecei a pedir a Deus que criasse para nós um lugar espaçoso, mesmo dentro da UTI, um lugar no qual nossa alma tivesse condição de se esticar e se mover com liberdade enquanto, fisicamente, sentíamos cãibras por passar horas a fio sentados ou em pé ao lado da cama e por dormir com o corpo na cadeira e a cabeça na cama, junto de Karis. "Torne o nosso ser interior maior do que o nosso exterior", eu pedia. "Não permita que nossa alma se encolha e morra aqui neste lugar. Ajude-nos a perceber sua presença em nós, sua beleza, sua graça e sua fidelidade, mesmo entre estas quatro paredes. Ajude Karis a perceber, de algum modo, sua presença preciosa com ela também."

Mais um mês veio e se foi. Karis saiu dessa batalha completamente debilitada. Não tinha força suficiente para levantar a mão da cama ou apertar um botão a fim de chamar a enfermeira. Morria de medo de todos, pois não conseguia separar o mundo real dos pesadelos que havia tido durante o coma. Naqueles 74 dias de UTI, sua vida foi salva, mas ainda faltava muito para restaurá-la à normalidade.

A luta se estendeu pelo resto de 2005. Karis precisava se recuperar física, mental, emocional e espiritualmente. À medida que seu corpo se fortalecia, ela reaprendeu a sentar-se, ficar em pé, conversar, ler, escrever e raciocinar de forma lógica. Demorou um longo tempo para assimilar o que havia acontecido e entender que teria de começar o processo de transplante outra vez.

As perdas de Karis foram imensas, inclusive uma disfunção quase completa do pé e da perna direita. Como não tinha intestino, não podia comer nada, mas seu estômago não entendia e continuava a sentir fome. Duas sondas de drenagem ligavam seu abdômen a bolsas de coleta, suas companheiras inseparáveis. Perdeu todo o cabelo devido às febres altas da segunda pneumonia, mas ganhou de seus amigos uma linda coleção de chapéus. Dependia inteiramente da NPT e sofreu incontáveis e assustadoras infecções causadas pelos cateteres. Teve de passar várias semanas ligada a uma bomba de vácuo para curar uma escara que se formou no cóccix durante o uso do oscilador, o qual não permitia mudanças de posição na cama. Levou meses para criarmos coragem de pensar em outro transplante.

Depois de dias sem sair do lado de Karis no hospital, eu às vezes nem me lembrava onde havia estacionado o carro. Algumas vezes caía exausta na cama assim que chegava em casa, sem sequer acender as luzes ao entrar. Assustado com a vida desordenada que eu estava levando, meu filho me fez prometer que faria pelo menos duas refeições por dia. Apesar de tudo, porém, Deus me manteve forte e saudável ao longo de todo o ano de 2005. Não deixei de ir ao hospital nem um dia por problemas de saúde.

Pouco tempo depois da transferência para o centro de reabilitação, Karis teve de voltar para o hospital de transplantes devido a uma pancreatite, um quadro extremamente doloroso que requer doses maciças de narcóticos. Não foi no centro de reabilitação, mas, sim, no hospital que, aos poucos, Karis voltou a caminhar com a ajuda de um aparelho ortopédico na perna e no pé direito. Andy, seu fisioterapeuta, se esforçou tanto quanto Karis para conquistar essa vitória. No início da fisioterapia, Karis não conseguia nem sentar-se sem ajuda, mas, graças ao trabalho árduo sob a supervisão de Andy, recuperou a capacidade de andar sozinha.

Depois de sete meses de internação, Karis finalmente conseguiu voltar para casa. Ao longo desses meses, dezenas de pessoas nos ajudaram a viver um dia de cada vez. Foi nessa época que vários amigos e até desconhecidos do mundo inteiro se juntaram para comprar um iPod de presente para Karis, numa demonstração comovente de amor e bondade. Mas essa é uma história que fica para outro dia...

A pancreatite se tornou crônica. Uma vez que Karis dependia completamente da NPT, pois a ausência de intestino não lhe permitia ingerir nenhum alimento, o fígado começou a entrar em falência. Às vezes, ela sentia uma vontade tão desesperadora de comer que criou uma técnica de mastigar e cuspir só para sentir o alimento na boca. Não podia engolir nada, pois a sonda se entupia e causava vômito.

Em maio, os médicos puseram Karis de volta na lista para um transplante de intestino delgado, duodeno, estômago e pâncreas. Em agosto, decidiram incluir o fígado. A essa altura, seus amigos a chamavam de "deusa dourada" por causa da intensa cor amarela de sua pele, causada pela icterícia, um sinal de falência irreversível do fígado. A pele coçava o tempo todo e o cabelo que nasceu de novo se tornou quebradiço e quase verde devido à subnutrição causada pela redução da NPT que visava prolongar o funcionamento do fígado. Quando os médicos suspenderam a administração de lipídios na NPT, começamos a passar óleo vegetal em sua pele várias vezes ao dia para evitar ainda mais ressecamento.

O tempo máximo que Karis passou fora do hospital em 2005 foram cinco semanas e meia. Deus nos concedeu dois períodos maravilhosos de descanso. No primeiro, que se estendeu de meados de maio a meados de junho, Karis visitou seus colegas de turma em Notre Dame antes da formatura deles e passou um mês em casa, no Brasil.

No segundo período em casa, de 11 de julho a 17 de agosto, revisei um manual de cuidados com doze páginas que havia escrito em abril, quando duas das minhas irmãs ficaram com Karis para eu poder passar algum tempo no Brasil com David e Valerie. Acrescentei seis páginas de instruções e entreguei o manual revisado a David, que, seguido de nossa amiga Barbara, aprendeu a complicada rotina domiciliar de Karis para que eu ficasse mais três semanas com Valerie. Essa temporada de Karis com seu pai foi extremamente importante, pois ele nunca havia cuidado dela sozinho: "Pela primeira vez, entendi como era pesado cuidar de Karis 24 horas por dia, 7 dias por semana. Não me restava quase nenhum tempo ou energia para os meus próprios interesses! A experiência foi crítica para eu compreender a rotina de Debbie naquela época".

Depois que voltei do Brasil, os médicos consideraram Karis recuperada o suficiente para o transplante. A qualquer momento poderíamos receber um telefonema avisando da disponibilidade dos órgãos.

Karis se sentia tão mal que não via a hora de receber o transplante. Qualquer coisa parecia melhor do que as dores, o cansaço, os remédios, as sondas e bolsas de drenagem, a nutrição e a medicação intravenosa dia e noite, as infecções provocadas pelos cateteres, a impossibilidade de se concentrar em qualquer outro assunto, a letargia crescente à medida que o fígado se deteriorava, os resultados cada vez piores dos exames de sangue...

Sempre que o telefone tocava, porém, meu coração disparava. Apesar de Karis estar relativamente forte e saudável ao receber o primeiro transplante, os resultados haviam sido desastrosos. Que motivo tínhamos para esperar que esse transplante, dessa vez de *cinco* órgãos e com Karis em péssimo estado, fosse diferente?

As primeiras pessoas com quem tentei conversar sobre a angústia que sentia me deram um tapinha nas costas e me falaram sobre fé e sobre confiar em Deus: "Afinal de contas, ela está viva, não? Veja como Deus tem sido fiel!". Por fim, alguém simplesmente me ouviu e ficou a meu lado enquanto eu desabafava e chorava, aliviando a pressão de emoções intensas que não havia conseguido processar durante os meses em que Karis esteve entre a vida e a morte.

Por fim, consegui confiar em Deus novamente e não temer tanto o fatídico telefonema. O foco da preocupação mudou, e passamos a nos perguntar se Karis sobreviveria até aparecer um doador.

Pausa para outra história de avião
Maio a junho, 2005

Era 24 de março de 2005. Karis estava internada havia sete meses. Doutor M veio conversar conosco no quarto e dizer que ela podia ir para casa no dia seguinte! Não sabíamos o que fazer de tanta alegria! Depois de tudo o que Karis tinha passado, não podia haver notícia mais empolgante, incrível, maravilhosa!

Aproveitando o tom animado da conversa, mencionei algumas idéias que Karis e eu havíamos considerado. Primeiro, ela poderia ir à igreja no dia seguinte e participar do culto de Sexta-Feira Santa? O médico respondeu que sim sem hesitar.

Juntei coragem para fazer a próxima pergunta. A formatura da turma de Karis em Notre Dame seria em maio. Karis poderia ir a South Bend para a Semana de Despedida e passar algum tempo com seus amigos antes de eles se dispersarem mundo afora?

Dessa vez a resposta não foi tão rápida. Conversamos sobre os prós e os contras, eventuais problemas e complicações, o que faríamos se isto ou aquilo acontecesse... Por fim, dr. M permitiu que planejássemos a visita a South Bend.

Respirei fundo, olhei para o rosto esperançoso de Karis e fiz o terceiro pedido: "Faz muito tempo que Karis não vai para casa... Está morrendo de saudade dos amigos de lá... Uma vez que fizer o transplante, não poderá mais sair de Pittsburgh... Poderíamos pensar numa viagem ao Brasil?".

O dr. M começou a rir. "Vocês parecem um par de políticos. Aposto como foi tudo planejado. Primeiro, esperam até o médico estar de bom humor. Depois, fazem algumas perguntas fáceis para aquecer e o levam a concordar com algo só um pouco além dos limites e, enquanto ele está se sentindo satisfeito consigo mesmo por proporcionar tamanha alegria à paciente e a sua família, apresentam sorrateiramente a pergunta principal! Preciso anotar essa técnica e tentar usá-la em casa!"

Sim! *Ele disse sim!* E, para completar, ainda teríamos algum tempo fora do hospital em Pittsburgh para que nos acostumássemos com a nova rotina domiciliar antes da viagem!

No fim das contas, Karis só recebeu alta em 29 de março, cinco dias depois. Eis o que escrevi em seu *site* no dia seguinte: "Estamos ocupadas tentando organizar o cuidado domiciliar de Karis. Entre 6 da manhã e meia-noite, são doze procedimentos usando os cateteres e três tipos de bomba, além dos medicamentos por via oral e sonda gástrica, dez tipos de remédios, da troca de curativos e da limpeza das sondas, fisioterapia, terapia ocupacional e 'atividades da vida diária' (hoje Karis tomou seu primeiro banho desde agosto! Ela literalmente gritou de alegria!). Até agora recebemos a visita de quatro enfermeiras, que vieram nos ensinar a realizar todos os procedimentos, e amanhã será a primeira visita da fisioterapeuta. Karis também tem uma consulta marcada no hospital amanhã à tarde".

Começamos a planejar seriamente a viagem para Notre Dame e para o Brasil. A Semana de Despedida seria de 9 a 15 de maio. Embarcaríamos para o Brasil em 18 de maio e voltaríamos para Pittsburgh em 18 de junho.

Entrementes, passei os dias 10 a 26 de abril com David e Valerie em São Paulo, uma viagem planejada antes de cogitarmos a possibilidade de Karis ir ao Brasil. Antes de viajar, preparei um manual de doze páginas de explicações dos procedimentos diários para Linda e Jan, que se ofereceram gentilmente para cuidar de Karis em minha ausência. Graças a isso, pude dedicar toda a minha atenção a Valerie e David.

Em 29 de abril, alguns dias depois de voltar aos Estados Unidos, quando sua tia Karen e os primos haviam acabado de chegar a Pittsburgh para visitá-la, e dez dias antes de irmos a South Bend, Karis teve febre alta e passou cinco dias na UTI com septicemia! Assim que melhorou um pouco, começamos a traçar uma estratégia. Não mencionaríamos a viagem enquanto ela estivesse na UTI, pois os médicos certamente diriam "não". Só voltaríamos a tratar do assunto quando o próximo exame de cultura bacteriológica fosse negativo. Então informaríamos ao dr. S a viagem, pois, o dr. M, o médico-chefe, já havia nos liberado. Felizmente, dr. M estava no meio de uma visita de várias semanas a um hospital pediátrico na Itália.

Enquanto Karis estava internada, continuei a fazer todos os preparativos, que, aliás, não eram nada simples e exigiam toda a minha capacidade de organização. A visita a Notre Dame serviria de treino. Minha esperança era descobrir quaisquer possíveis complicações enquanto ainda estivéssemos nos Estados Unidos, de modo a evitar problemas na viagem ao Brasil.

Sabíamos que o sistema de saúde da Pensilvânia não pagaria por nenhuma despesa em Indiana, e muito menos no Brasil. Teríamos de levar conosco todos os remédios e equipamentos necessários. Com a ajuda da funcionária encarregada dos suprimentos para cuidado domiciliar, fiz e refiz várias vezes longas listas e cálculos minuciosos de todos os itens, depois de o sistema de saúde permitir que Karis recebesse um estoque de suprimentos maior do que o habitual. Poderíamos levar conosco NPT suficiente para uma semana. Para as outras três semanas de estada no Brasil, o querido dr. G estava providenciando NPT com um fornecedor em São Paulo. Teríamos de pagar de nosso bolso por isso e pelos exames de sangue semanais. Se meus cálculos estavam corretos, porém, poderíamos levar todos os outros medicamentos e suprimentos conosco.

O dr. G também nos enviou cartas escritas em inglês e português nas quais explicava o motivo de Karis precisar de toda essa parafernália para a eventualidade de enfrentarmos algum problema ao passar pela alfândega.

Comprei bolsas térmicas com rodinhas para a NPT, soro e medicamentos que precisavam ser mantidos sob refrigeração. Quando comecei a arrumar cateteres, sondas gástricas e bolsas de drenagem, kits de curativo, seringas, fita adesiva e baterias adicionais para as três bombas portáteis, percebi que o equipamento necessário para manter Karis durante um mês chegaria ao limite de peso da bagagem. Não poderíamos levar muita coisa além de uma ou duas mudas de roupa.

Em 4 de maio, quatro dias antes do "dia-V", dia da viagem, Karis foi transferida da UTI para o quarto! Os exames de cultura bacteriológica, porém, continuavam positivos. Começamos a ficar preocupados, mas não perdemos o otimismo. O dr. S aprovou nossos planos de viagem para South Bend e São Paulo!

- 5 de maio, aniversário de Karis; três dias antes do dia-V: exames de cultura continuam positivos. Ai, ai, ai!
- 6 de maio: ainda positivos. Paramos de contar os dias e mesmo de falar sobre as viagens. Era difícil até cogitar que não dariam certo.
- 7 de maio: primeiros exames de cultura negativos! Karis começou a tolerar períodos sem oxigênio.
- 8 de maio, outrora chamado, em nossa imaginação, de dia-V: segundo dia de culturas negativas! Karis teve força suficiente para ir ao culto da manhã na igreja, com permissão do hospital, mas se sentiu exausta em seguida.
- 9 de maio: terceiro dia de exames de cultura negativos. Karis recebeu alta no fim da tarde! Enquanto ela descansava em casa, o fornecedor de medicamentos e eu corremos para aprontar todos os suprimentos necessários para a viagem.

Convém mencionar que, antes de sairmos do hospital, uma das médicas da equipe de transplantes veio conversar comigo. Disse-me que sabia da permissão do dr. S para irmos ao Brasil, mas que o restante da equipe considerava nossa idéia uma loucura. Havíamos refletido seriamente sobre o estado de Karis? Tínhamos pensado em tudo o que poderia dar errado e o que faríamos sem plano de saúde se houvesse algum problema no Brasil? Ela saiu do quarto balançando a cabeça e dizendo que, enquanto estivéssemos fora, seríamos motivo de preocupação para toda a equipe.

Às vezes, a fim de *viver* precisamos correr alguns riscos, até mesmo riscos sérios.

- 10 de maio: partimos para South Bend com o carro abarrotado de suprimentos médicos! Obrigada, Senhor! O reencontro de Karis com seus amigos e colegas formandos foi maravilhoso. Pena que, poucos dias depois, veio a tristeza de se despedir de todos, em muitos casos talvez para sempre.

Quando tive tempo de respirar de novo, depois que estávamos acomodadas em casa, no Brasil, fiz a seguinte relação de coisas que havia aprendido na visita a Notre Dame:

1. Administrar o tempo é como uma avenida na hora do *rush*: por mais que você tente planejar e deixar um espaço entre uma coisa e outra, quando pisa no freio o resultado é uma reação em cadeia que provoca um engavetamento de pessoas com as quais você ainda quer passar algum tempo e de coisas que você ainda quer ou precisa fazer.
2. É difícil se despedir. Especialmente quando você acabou de reencontrar amigos tão queridos depois de tanto tempo longe. Reserve lugar para lágrimas.
3. Quando você pensar que perdeu o saco hermético em que guarda o Reglan e, com ele, parte considerável de sua sanidade mental, não entre em pânico. Procure um pouco mais. Provavelmente estará no fundo da caixa, junto com os outros recursos de que você vai precisar para o resto do dia.

4. Sempre leve várias sondas gástricas de reserva!
5. Não saia de casa sem uma blusa a mais, pois nunca se sabe quando um dos cateteres ou sondas de Karis pode vazar.
6. Caso não siga as instruções dos itens 4 e 5, acima, ficará extremamente grata às pessoas que ajudarem você nessas situações.
7. Quando a farmácia avisar que vai mandar o Neurontin para você em South Bend em dois dias úteis, isso quer dizer que enviará o produto para sua casa em Pittsburgh. Em outras palavras, leve o Neurontin com você.
8. Quando a linha aérea lhe disser que não tem nenhum registro da sua reserva para o Brasil, não entre em pânico e não grite ao telefone. Procure descobrir se não grafaram seu nome incorretamente.
9. Leia *todos* os rótulos. O fato de a embalagem ser igual não significa que é mais Metoclopramida; dessa vez é Difenidramina, que costumava vir numa embalagem de cor diferente. Quando acabar o Benadryl IV, sem o qual Karis terá urticária dos pés à cabeça quando tomar o antibiótico, corra para a farmácia 24 horas mais próxima e compre Benadryl xarope. Administre o dobro da dose normal pela sonda gástrica. Moral da história: sem dúvida existe uma forma criativa de resolver o problema às 6 da manhã, mesmo que você passe metade da noite tentando descobrir qual é. Para evitar estresse desnecessário, encontre seus óculos e leia todas as bulas.
10. Com o tempo você pega prática e fica mais fácil guardar quinze medicamentos, três bombas, sondas, seringas e toda a respectiva parafernália. Da próxima vez, prepare o dobro de gelo para os medicamentos que precisam de refrigeração.
11. E *o mais importante de tudo*: a graça de Deus se renova a cada manhã, mesmo quando você não está em Pittsburgh!

Na manhã de nossa partida para o Brasil, a órtese nova de Karis ficou pronta. Que bênção ter um aparelho que servia direito e não feria a perna dela com o atrito! Graças à nova órtese, Karis conseguiu andar com muito mais facilidade em São Paulo, cidade complicada para qualquer pessoa com alguma deficiência.

Finalmente chegamos à parte da história em que o avião entra em cena. Primeiro, há certas vantagens, sem dúvida, em viajar com alguém numa cadeira de rodas. Em diversas ocasiões, os funcionários colocam você no começo da fila. Por outro lado, alguém do aeroporto talvez leve a passageira na cadeira de rodas para o início da fila enquanto você é obrigada a ficar no fim com o bilhete de embarque e os documentos dela! Se você tenta encontrá-la, os funcionários a tratam com rispidez, como se estivesse inventando uma história só para furar fila, e a mandam de volta para o último lugar! Quando finalmente você consegue chegar aonde sua companheira de viagem está, o segurança se exaspera porque você atrasou todo mundo!

Claro que também decidiram fazer uma inspeção de segurança completa em Karis: em cada um dos bolsos da mochila com a bomba de infusão, em cada um dos remédios e suprimentos médicos que precisávamos levar a bordo. As cartas que dr. G havia escrito com tanto cuidado não impressionaram nem um pouco.

Espere! Não falei do *check-in*! Chegamos bem mais cedo ao aeroporto, pois sabíamos que, em nossa situação, tudo demorava mais. Tínhamos duas sacolas térmicas e uma quantidade razoável de suprimentos médicos que não podíamos despachar com o restante das malas. A funcionária da empresa aérea foi bastante atenciosa quanto à questão da bagagem, mas não quanto aos lugares, pois se recusou a nos colocar em poltronas vizinhas. De acordo com ela, só havia alguns assentos disponíveis para nosso tipo de bilhete. Tivemos dificuldade em fazê-la entender que, num avião lotado, tendo em vista todos os procedimentos que teríamos de realizar durante a viagem, era absolutamente essencial que nos sentássemos juntas. Havia coisas que Karis não tinha como fazer sozinha. Seria impossível eu me ajoelhar ou me sentar no meio do corredor, ao lado do assento dela, e manter os equipamentos estéreis enquanto outras pessoas tentavam passar pelo corredor.

Karis estava parada diante da funcionária, recebendo medicamento pelo cateter, com duas sondas e bolsas de drenagem, a órtese na perna e no pé direito, segurando uma bengala, e ainda assim ela parecia não compreender o que estávamos dizendo. Teríamos de dar um jeito depois de embarcar.

Quando chegamos ao portão de embarque, o funcionário resolveu levar Karis para dentro do avião mas não me deixou acompanhá-la. Precisei esperar junto com os outros passageiros.

Quando entrei no avião com as duas bolsas térmicas e toda a nossa parafernália, uma das comissárias me chamou de lado e pediu-me que esperasse para falar com a chefe de equipe, que se mostrou um tanto exasperada. Perguntou-me se não sabíamos que a tripulação não era treinada para lidar com cateteres etc. etc. A aeronave estava lotada, e o trabalho da equipe de bordo era servir aos passageiros. Perplexa, levei alguns momentos para entender que o problema era o fato de Karis e eu não estarmos sentadas juntas! A comissária havia concluído que eu "largaria" Karis aos cuidados da tripulação e desfrutaria um vôo tranqüilo num outro assento qualquer do avião.

A essa altura, consegui enxergar Karis, irrequieta numa das poltronas da primeira classe, sussurrando para mim: "Eu tentei explicar, mãe!". A comissária-chefe seguiu meu olhar e me informou que havia colocado Karis na primeira classe até decidir se a deixariam viajar ou não. Quando conseguimos nos entender, a comissária pediu que dois passageiros em assentos de frente para uma das divisórias da cabine trocassem de lugar conosco e eles concordaram prontamente. Naqueles assentos, teríamos espaço para realizar os procedimentos a bordo e ficaríamos mais próximas das toaletes. Aliás, já havia passado do horário de dar o antibiótico a Karis.

Quando finalmente nos acomodamos para as dez horas de vôo, descobrimos que os braços das poltronas não se levantavam. Karis não poderia se esticar durante o vôo. Paciência... O importante é que estávamos a caminho.

Quando tirei seringa e agulha da bolsa, logo depois que o avião decolou, o passageiro ao lado de Karis ficou verde. Levantou-se rapidamente e sumiu. Deve ter encontrado outro assento na aeronave, pois não o vi mais. Foi bom termos mais espaço. A essa altura, Karis estava exausta. Estendi um cobertor no chão, em frente aos nossos três assentos, e ajudei Karis a se deitar. Algum tempo depois, uma das comissárias viu isso e não gostou da idéia. Começou a objetar e explicar que não era permitido, mas, depois de olhar bem para Karis, mudou de idéia e não disse mais nada. Às vezes é mais fácil pedir perdão do que permissão!

Depois disso, tudo correu relativamente bem. A maior dificuldade era pegar as coisas no compartimento de bagagem, por não haver espaço embaixo dos bancos, especialmente a pesada bolsa térmica. O próximo grande desafio foi decidir como preencher os formulários da alfândega. Nós duas podíamos entrar no país com, no máximo, quinhentos dólares de mercadorias novas. Karis e eu tínhamos o equivalente a mais de dez mil dólares em remédios e equipamentos médicos. É verdade que as cartas do dr. G explicavam o motivo de Karis precisar de todos aqueles apetrechos. Eu tinha gravado na memória, contudo, outra viagem feita anos antes, quando tivemos de pagar todos os impostos sobre determinado remédio, num total de três mil dólares, porque não estava na lista de medicamentos que podiam ser importados. Tentamos recorrer por meio de um complicado processo burocrático, mas desistimos quando ele chegou ao ponto em que precisaríamos contratar um advogado.

Preenchi os formulários com toda a clareza e toda a honestidade possíveis (seria ridículo imaginar que entraríamos no país com aquela parafernália sem ninguém notar) e passei o resto da viagem preocupada. Se o pessoal da alfândega decidisse seguir a lei ao pé da letra, só nos restaria pegar o primeiro vôo de volta para Pittsburgh. *Mas Deus nos trouxe até aqui...*

Antes de aterrissarmos, uma das comissárias me entregou uma grande sacola vermelha para lixo bio-alguma-coisa para que eu jogasse todas as seringas, agulhas, bolsas de soro etc. Depois que os demais passageiros desembarcaram, a tripulação, agora bastante amigável e prestativa, levou Karis até a cadeira de rodas que estava à sua espera e me ajudou com as sacolas térmicas e outras bagagens de mão até a porta do avião.

Algo extraordinário aconteceu na viagem de volta, um mês depois: pegamos exatamente a mesma tripulação, que dessa vez sabia o que fazer para nos ajudar durante o vôo! Foi um presente e tanto de Deus! O único incidente no retorno ocorreu no *check-in* em São Paulo. O funcionário da empresa viu a bomba de infusão e perguntou o que era aquilo. Sem pensar, Karis respondeu em português, com toda a naturalidade: "É uma bomba". Depois de alguns segundos de espanto a nosso redor, conseguimos explicar que tipo de bomba era.

Enquanto eu arrastava quatro malas enormes e pesadas da esteira para o carrinho de bagagem e Karis esperava na cadeira de rodas, orei em desespero: "É tudo ou nada, Senhor!". A alfândega tem duas filas: "Nada a declarar" e "Bens a declarar". Empurrei Karis até a fila de "Bens a declarar" e voltei para pegar os dois carrinhos entulhados de bagagem.

Repeti o processo enquanto avançávamos na fila até que uma mulher de uniforme apareceu a nosso lado e disse que estávamos na fila errada. Eu expliquei que tínhamos bens a declarar e lhe mostrei nossos formulários. Ela pegou os papéis da minha mão, mas não leu o que estava escrito. Enquanto gesticulava para um funcionário do aeroporto nos ajudar, empurrou a cadeira de Karis, colocou-nos no começo da fila "Nada a declarar" e entregou os formulários ao inspetor alfandegário que estava verificando os documentos de outros passageiros. O inspetor nos mandou passar sem nem sequer olhar os formulários. Dois funcionários do aeroporto nos auxiliaram com a cadeira de rodas e os carrinhos de bagagem até a área externa de desembarque, onde David e Valerie estavam nos aguardando.

No caminho para casa, olhei várias vezes para trás esperando ver uma viatura com sirene ligada e luzes piscando para pararmos. Eu estava certa de que, em algum momento, os funcionários da alfândega perceberiam que haviam cometido um erro e viriam atrás de nós! Mas, exceto pelas aventuras de sempre no trânsito de São Paulo, chegamos em casa tranqüilamente. Imaginei Deus cumprimentando dois, quer dizer, três anjos que falavam português e que ele havia vestido com uniformes do aeroporto naquela manhã!

Nas palavras de Karis, o mês que ela passou em São Paulo foi um misto de alegria e tristeza. Era maravilhoso estar *em casa*, na companhia de sua família e de amigos brasileiros. Ao mesmo tempo, era extremamente difícil estar de volta a São Paulo tão debilitada e frágil em comparação com a menina que havia morado naquela cidade muitos anos antes. A doença e a fraqueza, a dor constante, as doses elevadas de analgésicos e Benadryl para controlar a reação aos antibióticos, as sondas e bolsas incômodas que tinha de levar consigo a toda parte e a dificuldade de andar conspiraram para sabotar quase todos os planos que ela havia feito para essas férias. Depois de tanto tempo longe, um mês não foi suficiente para reconstruir as amizades.

Karis passou a maior parte dos dias deitada no sofá da sala, na companhia de um ou dois amigos ou de membros da família. Por mais difícil que tenha sido, porém, ela voltou aos Estados Unidos emocionalmente fortalecida.

Para a glória de Deus, preciso contar mais um detalhe. Algumas semanas antes da viagem, uma amiga nos entregou o dízimo relativo a uma herança que havia recebido. As despesas com a NPT, os exames de sangue e os analgésicos que tivemos de comprar no Brasil foram exatamente o valor da oferta (graças à insistência do dr. G em não cobrar pelas consultas semanais de Karis)! Se minha filha tivesse ficado internada ou precisasse ser submetida a algum procedimento durante a estada no Brasil, não teríamos como pagar essas despesas, exceto pela provisão maravilhosa de Deus, é claro!

Pausa para reflexões de Valerie

Quando nasci, Karis estava com 5 anos, de modo que tenho o privilégio de observar seu belo exemplo de vida desde que me conheço por gente. Aos meus olhos de criança, ela representava tudo o que havia de mais legal. Em meus primeiros cinco anos de vida, ela me ensinou a praticar e amar duas atividades que até hoje me dão muita alegria: nadar e dançar. Ao longo da infância, Karis muitas vezes servia de pacificadora dos irmãos. Era impossível brigar com uma pessoa gentil, afável, criativa e cheia de energia, talentos artísticos e sabedoria como ela. Carinhosa e sociável, sempre cultivou bons amigos, demonstrando interesse verdadeiro pela vida de cada um.

Desde pequena, também sou muito apegada a minha mãe e a vejo como modelo a ser seguido em vários sentidos. Sua presença e seu sorriso tinham um efeito tranqüilizador. Quando mamãe e Karis se encontravam em casa e a família estava completa, eu me sentia mais segura e meu mundo se enchia de alegria e brilho. Adorava arrumar a mesa do jantar para seis pessoas, pois significava que não faltava ninguém. Durante as freqüentes ausências de Karis e mamãe, eu aguardava com grande expectativa, orava e até escrevia sobre sua volta. Quando minha professora da primeira série pediu que fizéssemos algumas frases sobre nosso maior desejo, escrevi: "Quero que minha mãe e Karis passem o Natal com a gente em casa. Vamos brincar e rir juntas pra valer".

Como tantos outros caçulas, eu me tornei a palhaça da família. Adorava rir, cantar, brincar e fazer meus pais e irmãos sorrirem. As coisas nem sempre eram fáceis. Eu estava consciente dos problemas de saúde de Karis e de como a agenda de meus pais era lotada de compromissos de trabalho. Como não sabia de que modo conviver com a nuvem escura de preocupações e incertezas que, por vezes, pairava sobre nossa casa, tentava me distanciar um pouco disso tudo e tornar o ambiente mais leve.

Procurei descrever a seguir algumas memórias da minha infância.

Quando estava na sexta série, fiquei acordada até tarde fazendo um trabalho sobre o livro *O refúgio secreto*.[1] Construí uma maquete da casa de Corrie Ten Boom com cartolina para mostrar junto com o relatório do livro. Minha mãe e Karis estavam no Hospital São Paulo, minha irmã Rachel havia saído e meu pai tinha acabado de chegar em casa com visitas dos Estados Unidos, os Bersches. (Meu irmão Dan fazia faculdade nos Estados Unidos.) Depois de falar com alguém ao telefone, meu pai saiu apressado, dizendo: "Karis está roxa e parou de respirar. Provavelmente é uma infecção do cateter. Estou indo ao hospital. Fique aqui com os Bersches, Val".

Fiquei em casa e continuei a trabalhar na maquete. Essa foi a primeira crise quase fatal de Karis da qual me recordo. Fiquei preocupada com que talvez não tivesse esterilizado direito as bolsas de soro ou NPT e exposto minha irmã à infecção. Lembrei-me depois que ela estava no hospital havia vários dias, de modo que não podia ser culpa minha. Desde pequena eu gostava de ajudar a cuidar de minha irmã.

Foi estranho passar aquelas horas sozinha em casa, com meu trabalho de escola e nossas visitas, sem saber se, em vez de colar pedaços de

---

[1] Corrie TEN BOOM, *O refúgio secreto*. Belo Horizonte: Editora Betânia, 1978.

cartolina, eu não devia estar escrevendo um discurso para o funeral de minha irmã. Tinha quase certeza de que nenhum dos meus colegas de classe enfrentava dilemas desse tipo. Naquela noite, porém, senti Deus encher meu coração com uma paz inexplicável, algo que tem se repetido várias vezes em momentos críticos de minha vida. Enquanto brigava com a fita adesiva e a cartolina que se recusava a cooperar com o meu projeto, orei e cantei: "Entrego meus cuidados a ti, Senhor. Coloco meus fardos aos teus pés. Quando não sei que rumo tomar, entrego meus cuidados a ti".

Pela graça de Deus, Karis sobreviveu e eu aprendi algo novo sobre o poder e a paz de nosso Pai.

No segundo ano do ensino médio, participei do Projeto Missão de Férias (Promifé). No primeiro dia da viagem missionária, em janeiro de 2004, eu me sentia feliz por estar envolvida com esse aspecto do Reino pelo qual havia me apaixonado ao longo dos três últimos anos. Não obstante, algumas preocupações tomavam conta de meus pensamentos quando eu olhava adiante para o novo ano que se iniciava. Em alguns dias eu completaria 16 anos. Assim que voltasse do Promifé, meu pai viajaria para Portugal e minha mãe se mudaria para South Bend a fim de ficar perto de Karis e esperar pelo transplante. Apesar de estar acostumada com a ausência esporádica de meus pais, era assustador imaginar que eu passaria a maior parte do próximo semestre longe de todos os membros da minha família. Na época, eu não fazia idéia de que a situação se estenderia até o fim do ensino médio.

Na viagem de ônibus daquele dia, uma amiga da igreja e eu conversamos um bom tempo sobre o que significa ser forte. Um versículo do qual nos lembramos me marcou por vários meses: "Espere no Senhor. Seja forte! Coragem! Espere no Senhor" (Sl 27:14). Essa idéia de força era totalmente diferente daquilo a que eu estava acostumada. Minha tendência era ser ativa, mas o salmo apresentava um elemento passivo: *espere*.

Na primeira reunião do Promifé naquele dia, enquanto cantávamos alguns corinhos, uma frase adquiriu significado novo e mais profundo, enquanto o Senhor ministrava suas promessas a mim. "Grande é o

Senhor e mui digno de ser louvado." Grande é o Senhor. Ele é maior do que tudo. Abrange tempo e espaço, sentimentos e pensamentos. Naquele momento, o Senhor pareceu se aproximar de mim e sussurrar em meu ouvido: "Eu serei sua mãe e seu pai, sua irmã e seu irmão, seu amigo e companheiro ao longo de todos os meses em que você estiver aqui sem sua família. Você não estará sozinha".

Os anos seguintes não foram fáceis, mas Deus me cercou com seu povo, suas palavras, seus cânticos e suas promessas, como maná, codornizes, fogo e nuvem.

Minha mãe passou grande parte de 2004 a 2007 nos Estados Unidos. Nesse período, convidou-me para morar com ela em Pittsburgh, mas decidi ficar no Brasil até quando fosse possível. Estive por duas semanas com Karis na Páscoa e nas férias do fim de ano. Por um lado as visitas eram divertidas e alegres, cheias de momentos preciosos em família e atividades com os novos amigos de minha mãe e Karis em Pittsburgh. Depois de dois ou três dias, porém, eu começava a me sentir angustiada e deprimida, deslocada entre os norte-americanos, e com saudade de casa. Queria conversar com meus amigos e participar dos ministérios nos quais estava envolvida no Brasil e me sentia vazia e solitária em Pittsburgh. Ao mesmo tempo que ficava feliz por estar perto de minha mãe e minha irmã queridas, eu não conseguia sossegar.

Certo dia, depois de assistirmos a uma apresentação do cantor David Bailey na igreja, Karis me desafiou a aproveitar ao máximo o tempo e o lugar onde eu me encontrava no momento. Lembrou-me de que, enquanto não chegarmos ao céu, sempre sentiremos saudade de alguém ou de algum lugar, mas Deus proverá pessoas e coisas para desfrutarmos cada momento e lugar ao longo da vida. As palavras de Karis me ajudaram a mudar o foco de meus pensamentos e minha atitude, uma mudança que tornou as visitas aos Estados Unidos muito mais ricas e produtivas.

Minha recordação mais marcante com Karis naquele ano é um episódio ocorrido um mês antes do primeiro transplante. Era 4 de julho, Dia da Independência dos Estados Unidos, e tínhamos saído para ver os fogos de artifício e nos encontrar com Rachel no centro de Pittsburgh. Depois do *show*, enquanto voltávamos para o carro, notamos que havia um percussionista tocando sozinho numa esquina. O ritmo que saía de seu tambor era animado demais para ficarmos paradas. Karis e eu tiramos os chinelos e começamos a pular e fazer uma coreografia que havíamos aprendido vários anos antes. Terminada a coreografia, improvisamos os passos numa expressão de energia, alegria e liberdade. Algumas pessoas que estavam andando pela rua quiseram saber o que estávamos fazendo e nos acompanharam. Uma hora inteira passou voando, e mamãe teve de nos lembrar de que Karis ia se atrasar para a festa de uma amiga. Voltamos para o carro juntas, rindo e tentando recuperar o fôlego.

As visitas a Pittsburgh, tão longe de tudo o que eu conhecia e de que gostava, às vezes pareciam um castigo, mas aprendi a ver as coisas de outra forma e a louvar a Deus naquele lugar novo e estranho.

Novembro de 2004. No meio do treino de futebol da escola, eu me espantei quando vi meu pai no fundo do campo. "Pegue suas coisas, Val. Temos de ir", disse quando me aproximei. Aonde? Por quê? "Vamos pegar um vôo para Pittsburgh hoje à noite. Karis piorou. Está na UTI, ligada a uma porção de máquinas, e não sabemos se ela vai sobreviver até amanhã." Gritei "tchau" para o técnico e o resto do time e corri a fim de pegar alguns livros no meu armário. Não sabíamos quanto tempo ficaríamos fora, e eu não queria me atrasar com os estudos. Não poderia participar da peça de teatro que estávamos ensaiando. E...

Fizemos as malas às pressas e conseguimos embarcar. Depois de orar comigo, meu pai aproveitou para se esticar nos três bancos vazios na fileira atrás da nossa. Acho que não preguei o olho naquela noite.

No dia seguinte, quando chegamos ao hospital e entramos na UTI, assustamo-nos com a aparência de Karis. Ela estava extremamente magra e amarela por causa da icterícia. O corpo frágil estremecia com o oscilador que trabalhava a todo vapor, tentando bombear oxigênio suficiente para dentro dos pulmões. Eu não havia visto Karis depois de julho, quando dançamos juntas na rua. Agora seus pulmões estavam quase inteiramente tomados pela legionelose, um tipo extremamente agressivo de pneumonia. Os "gambitinhos", era assim que ela chamava suas pernas, pareciam incapazes de suportar o peso do corpo mesmo que ela não estivesse paralisada e sedada no estado assustador de coma induzido em que permaneceu por mais de dois meses.

Os meses seguintes foram uma mistura surreal de vida e morte, proximidade e separação. Nossa família comemorou o Dia de Ação de Graças, o Natal e o Ano-Novo reunida. Todos nós, exceto Karis, fizemos refeições deliciosas na casa de Battle e Carol Brown, louvamos ao Senhor na igreja e brincamos com uma porção de jogos nas salas de espera do hospital. Nós cinco desfrutamos vários momentos juntos, mas estávamos separados de Karis por um abismo que nem todas as nossas orações, conversas, leituras, cânticos, massagens nas costas e mãos dadas eram capazes de transpor. Ela era prisioneira das máquinas e dos remédios que pingavam em suas veias por um emaranhado de tubos de plástico.

Apesar da dificuldade de ver Karis tão debilitada, as semanas em que estive na UTI com ela confirmaram meu gosto por enfermagem pediátrica. Aprendi um bocado de coisas durante aquela estada no hospital e tive a alegria de passar tempo com muitos pequenos pacientes e vê-los sorrir e dar gargalhadas apesar da dor e da frustração.

Em maio de 2005, depois de cerca de quatro meses de recuperação de duas pneumonias, da perda do intestino transplantado e de mais de dois meses de coma, Karis passou um mês em casa, no Brasil. Rachel também veio para trabalhar para o papai durante as férias. E, para completar a família, Dan fez uma visita curta. Tivemos muitos momentos felizes naqueles dias, mas a dor intensa e a fraqueza debilitante de Karis foram companheiras constantes. Além de forças físicas, Karis precisava de todas as suas forças emocionais para resistir à depressão profunda que havia tomado conta dela.

Ao constatar a que a vida de Karis tinha se reduzido, senti uma ruptura interior muito maior e mais profunda do que o choque de vê-la na UTI alguns meses antes. Mesmo sem a percepção clara, conceitos supostamente inabaláveis começaram a estremecer. Quando Karis e mamãe voltaram para os Estados Unidos, não restava muita coisa dentro de mim além de um montão de escombros.

No dia 10 de maio, antes de eu imaginar o que estava por vir, descrevi alguns aspectos da fase que me esperava adiante:

O inimigo
    Quão estrondoso seria seu riso
    Se observasse apenas
    Os acontecimentos externos
    Quão enorme seu sorriso
    Ao ver gente tão tola
    Cujas fantasias são sonhos
    E cujos sonhos são esperanças
    E cujas esperanças morreram
    Em um mundo onde
    Os sonhos são a matéria-prima da vida
    Que o tempo não lhes dá liberdade de viver
    Qual não seria sua alegria
    Ao imaginar que acreditamos
    Ser prisioneiros do tempo e do espaço
    Ao ver o potencial infinito da mente humana
    Perder seu propósito e voltar ao pó.
    Qual não seria seu prazer
    Ao ver a busca frenética
    Por uma saída
    Por uma vida sem cadeias
    Que ferem e pesam
    E por um meio de superar a futilidade
    De milhares de círculos viciosos
    Da vida debaixo do sol
    Da existência sem novidade
    Ah, como ele se deleitaria sem nenhum escrúpulo

Ao ver o orgulho surpreender os humildes incautos
A inveja flagrar os arrogantes
A depressão fazer seu espírito esmorecer
E o intelectualismo banir toda a fé
Como ele uivaria de satisfação
Ao vê-los caír
Ao vê-los morrer
Ao vê-los recusar o único dom gratuito que lhes é oferecido
Perderem a chave da liberdade
E se tornarem prisioneiros eternos do tempo.
Algo beirando enlevo tocaria seu rosto
Se ele observasse tudo isso
Apenas externamente
E também não estivesse acorrentado
E não fosse o primeiro a ser condenado
O único sem nenhuma esperança real
Se ao menos seus passos fossem além do domínio
Daquele que tem a chave...
Quão estrondoso seria o seu riso.

Uma semana depois, a família se dispersou: Dan, Karis e mamãe voltaram aos Estados Unidos; Rachel e papai foram a um congresso na Colômbia, e eu entrei na fase mais assustadora de minha vida. Tomada de insegurança extrema e inexplicável, imaginei que estava enlouquecendo. Sentia-me abandonada e perdida. Não conseguia me desvencilhar da escuridão que me envolvia, e ninguém era capaz de chegar até onde eu estava e me trazer de volta para a luz. Desfrutava momentos breves de sanidade e alívio quando lia as orações que havia escrito em outros tempos e entoava cânticos que o Senhor havia me inspirado meses e anos antes. As memórias da presença de Deus me proporcionavam certo consolo. Era como estender os braços na escuridão e sentir algo firme que eu não podia ver mas que era conhecido.

No dia 16 de junho, enquanto voltávamos para casa depois de deixar mamãe e Karis no aeroporto, cantei uma oração que expressou meu desejo para as semanas por vir:

> Senhor das Luzes, abre meus olhos
> Para que eu possa ver as riquezas ao meu redor
> Senhor da verdade, abre minha boca
> Para que meus lábios cantem louvores a ti
> Senhor de amor, abre meu coração
> Para que seja sempre grato
> Por tudo o que você é para mim, Senhor das Luzes!

Junho e julho foram meses sombrios. Eu não conseguia mais orar nem dançar. Não podia nem pensar direito. Tinha crises de pânico e fugia de conversas mais longas, pois temia que meus amigos descobrissem quão louca eu estava e se afastassem de mim. Meus companheiros diários eram o frio e o medo. Eu não entendia o que estava acontecendo. Nunca havia passado por uma crise tão longa e intensa, que abalou emoções, espírito e mente. Uma vez que meu corpo permaneceu intacto, consegui manter pelo menos alguma aparência de normalidade para o mundo ao redor.

Na segunda viagem missionária do Promifé, em julho, comecei a entender o que havia se rompido dentro de mim e meu espírito, minha mente e meu coração passaram a ser restaurados. Percebi que havia perdido a certeza de que três coisas permanecem: "a fé, a esperança e o amor" (1Co 13:13). Nessa viagem, durante um período de oração, decidi acreditar que Deus guardaria meu coração e minha alma não obstante o que acontecesse em minha vida ou na vida de minha família. Decidi permitir-me o ideal de ter fé num Deus de amor que promete nova vida e esperança. Depois de ver Karis perder tudo, esse ideal me parecia completamente absurdo e irreal. Incapaz de ver o amor de Deus na vida de minha irmã tão querida, duvidei da credibilidade das palavras dele.

Essa dúvida fez meu mundo inteiro ruir. Minha decisão de crer apesar das evidências, porém, foi o primeiro passo de volta à sanidade.

O TABERNÁCULO
Janeiro, 2006, a maio, 2007

O problema do sofrimento é que ele dói demais.

Dói tanto que fazemos de tudo para evitá-lo, especialmente quando se arrasta dia após dia e parece que não terá fim e não conseguimos discernir nenhum propósito, nenhum sentido.

Durante os períodos de sofrimento intenso e contínuo, *preciso* saber que a Presença de Deus está comigo. Preciso ter como lançar sobre ele minha ansiedade, minhas preocupações e minhas fraquezas, minha incapacidade de entender a vida.

Preciso, portanto, ter como identificar todas as formas que o sofrimento assume para evitar ser reconhecido, expressado e descrito a fim de que Deus, em sua compaixão, me liberte da tirania da dor. Raiva, depressão, amargura, o refúgio temporário proporcionado pela impotência e pela dependência infantis. Murmuração, acusações, autopiedade. Tensão, irritabilidade, agressividade. Desespero que leva a buscar maneiras prejudiciais de me sentir bem. Desejo de fazer as pessoas ao meu redor sofrerem também. Espiritualização indevida: uma fachada cômoda para alguém como eu, que cresceu falando "crentês", mas que na verdade me distancia de Deus.

A menos que eu queira ficar presa, outra vez, num dos becos sem saída para os quais essas formas de sofrimento conduzem, preciso ser capaz de dizer: "A dor é insuportável, Senhor Deus. Ajude-me! Mostre-me que o Senhor está comigo!".

Deus tem várias maneiras de mostrar que sabe, entende, se importa e está ativamente envolvido conosco. Muitas vezes, ele o faz por intermédio de outras pessoas. Procurar pistas das demonstrações da presença de Deus pode se tornar uma grande aventura de detetive. O modo como ele interage com nossas experiências desafia meus conceitos e meus preconceitos e frustra repetidamente as tentativas de encaixar a vida em compartimentos fechados.

Minha intenção ao escrever este livro é dar testemunho da presença de Deus conosco em nosso deserto, de sua bondade nas situações de sofrimento, por meio delas e ao redor delas. Eu gostaria de dar apenas mais um pequeno exemplo de como a glória de Deus, isto é, sua presença, pode romper o sofrimento como um raio laser que cauteriza a dor, desmascara as reações disfuncionais e nos impede de categorizar as coisas de forma simplista.

Certo dia, depois de assistir ao noticiário no quarto de Karis no hospital, comentei com ela um fato que me pareceu irônico. O Centro Islâmico de Pittsburgh, situado a apenas algumas quadras de onde estávamos, desfrutava de toda a proteção oferecida pela lei dos Estados Unidos, enquanto em várias partes do mundo a violência fundamentalista provocava morte, terror e destruição.

Karis tentou me explicar que as crenças ou escolhas erradas de outra pessoa não constituem permissão para reagirmos de maneira semelhante. De que adianta tomarmos as mesmas atitudes que criticamos tão prontamente? Na maioria das vezes, as generalizações não se aplicam quando consideramos os casos isolados.

Quando eu estava prestes a defender minha posição, ouvimos alguém bater à porta e, em seguida, uma cabeça apareceu timidamente.

Percebi que a cabeça se encontrava envolta no mesmo tecido que cobria a moça até os pés. Era uma amiga de Karis.

"Desculpem-me... Não vou ficar muito tempo e não virei novamente. Não gosto de hospitais. Fazem lembrar o sofrimento de pessoas que eu amava. Karis, eu precisava ver você pelo menos uma vez, estar perto de você, tocá-la. Quero que você saiba que eu amo você e me preocupo com o que está acontecendo. Não consigo ler as notícias em seu site, pois me emociono demais, mas peço notícias suas a outras pessoas."

Não podíamos ver as lágrimas, mas podíamos ouvi-las em sua voz. A figura coberta segurou a mão de Karis por alguns segundos e se foi. Naquele instante, minha visão de mundo sofreu uma transformação mais profunda do que qualquer argumento racional poderia ter realizado. A presença de Deus podia ser percebida inequivocamente naquele quarto, desafiando-nos, encorajando-nos por meio da coragem da amiga de Karis, consolando-nos com suas palavras de amor.

Deus se expressa conforme lhe apraz. Este foi meu desafio em 2006: ouvir o que o Senhor tinha a me dizer, vê-lo em todas as situações. Apesar de a cirurgia de transplante ter sido dramática pelo restante do ano, a presença de Deus conosco pareceu mais silenciosa, rica e calma. Os altos e baixos de Karis continuaram a provocar sustos e surpresas. No geral, contudo, a jornada nos pareceu mais tranqüila.

Os médicos calcularam que nossa "menina de ouro" sobreviveria por uns três meses apenas. Antes que esse prazo se esgotasse, Karis recebeu o transplante de cinco órgãos nos dias 10 e 11 de janeiro de 2006. Passou sete semanas na UTI, oito semanas no quarto da ala norte e dois meses no hospital de reabilitação, um investimento gigantesco de recursos para preservar a vida de uma garotinha. O *site* traz um relato detalhado desses meses. A esta altura você já tem idéia de como foram.

Em julho, eu havia chegado ao limite de meus recursos emocionais. Ao longo dos meses seguintes, Deus concedeu lugares e pessoas que contribuíram para minha recuperação. "[O Senhor] me conduz a águas tranqüilas; restaura-me o vigor". (cf. Sl 23:2) No período pós-transplante, outros membros de nossa família manifestaram sintomas de angústia causada por tensão excessiva.

Karis conseguiu participar de uma reunião de família em Iowa, no fim de semana de 4 de julho. Logo em seguida, porém, foi hospitalizada com outra infecção do cateter central. Essa pequena crise frustrante acabou redundando em bênção, pois levou os médicos a remover o cateter, o que representou um grande alívio. A infecção desapareceu e não voltou. Karis recebeu alta em 27 de julho, mudou-se de Pittsburgh para South Bend em 15 de agosto e, em 22 de agosto, voltou às aulas em Notre Dame, após dois anos e meio de ausência!

Apesar de continuar lutando para recuperar a capacidade de ler, escrever e se concentrar por períodos mais longos e encontrar a energia necessária para um "dia normal" de atividades, incluindo fisioterapia, exames de sangue regulares, todos os remédios, complicações com o plano de saúde etc., Karis conseguiu alcançar sua turma em Notre Dame até o fim do semestre. Teve de ser levada de ambulância aérea para Pittsburgh devido a uma obstrução intestinal e precisou enfrentar uma série de complicações na vida cotidiana. Apesar de tudo, porém, completou o primeiro semestre após o retorno às aulas com nota máxima em todas as matérias e entregou o último trabalho no fim do prazo para alunos com pendências. Em sua determinação de ser bem-sucedida, muitas vezes fazia mais do que os professores pediam. Quanto mais estudava com afinco, mais rapidamente recuperava suas habilidades.

David e eu dizíamos um ao outro de tempos em tempos: "Será que podemos relaxar quanto a Karis? Podemos fazer planos confiantes em que ela continuará bem?". Voltei com David para o Brasil depois do Natal. Esperava sossegar e retomar o trabalho, o serviço da casa e as amizades. Mas nossa tranqüilidade durou pouco.

No primeiro semestre, Karis havia sentido dores cada vez mais fortes do lado direito do quadril. Em dezembro, durante os exames de rotina, a equipe de transplantes em Pittsburgh pediu uma ressonância magnética. No dia 5 de fevereiro, um ortopedista informou a Karis que, devido aos esteróides usados para combater a rejeição, ela havia desenvolvido necrose avascular dos dois lados do quadril. Não poderia ter nenhuma atividade física, ficar em pé ou andar, e mais cedo ou mais tarde precisaria de próteses.

A notícia desanimadora foi um choque para Karis e para todos nós, algo absurdo no momento em que ela estava começando a retomar a vida normal. A administração da universidade a colocou num apartamento equipado para deficientes físicos, onde ela ficará até o fim do semestre. A idéia de ela morar sozinha, porém, me preocupa. Além de causar dor intensa, a necrose avascular trouxe uma nova série de complicações decorrentes da dificuldade de movimentação.

Ademais, volta e meia Karis é obrigada a voltar ao pronto-socorro por causa de desidratação. O problema aflitivo e frustrante que invade seu tempo e sua autonomia é conhecido como "síndrome de *dumping*". Os episódios agudos da síndrome exigem um período de pelo menos 24 horas de recuperação, interrupção extremamente indesejável na agenda de uma atarefada estudante universitária.

Como qualquer paciente de transplante, Karis está sempre andando na corda bamba entre rejeição e infecção, dois perigos que exigem prevenção e tratamento opostos. Sua energia limitada a impede de acompanhar na íntegra as atividades sociais de seus colegas de classe.

Não sabemos muito bem como reagir quando as pessoas comemoram com todo o entusiasmo as vitórias de Karis e sua convalescença. Claro que estamos felizes! *Mas...* A vida não é fácil. Temos a impressão de que algo pode acontecer a qualquer momento. Enquanto eu escrevia estas linhas, por exemplo, recebi a notícia de que ontem Karis passou o dia no pronto-socorro com desidratação e uma reação alérgica misteriosa que a cobriu dos pés à cabeça com uma urticária. Apenas mais um solavanco ao longo da jornada.

O que nos espera: uma crise pequena ou grande? Como manter a sanidade e o equilíbrio quando a vida insiste em nos desequilibrar?

Como continuar a tratar das perguntas aflitivas que até hoje não foram respondidas acerca do *significado* disso tudo? Como continuar a ser produtivos, manter a confiança, cultivar relacionamentos, fazer planos, rir e encontrar alegria nas muitas bênçãos que Deus tem nos dado?

O único modo de prosseguir é buscar a presença de Deus um dia de cada vez. Olhar para o alto, para longe de nós mesmos. Crer que o Senhor está nos cobrindo com sua mão. Ancorar nossa fé no caráter sólido e inabalável de Deus, a base de nossa esperança, e não em circunstâncias imprevisíveis e, por vezes, absolutamente assustadoras.

Há muita coisa que não conseguimos entender. Ao fazermos uma retrospectiva de nossa jornada até aqui, porém, podemos identificar alguns elementos:

O cuidado extraordinário de Deus que procuramos registrar neste relato. Seu toque especial nos garante repetidamente que *ele é Emanuel, Deus conosco.*

A dádiva e graça da vida. Deus se preocupa com detalhes. *Ele é Eloim, o Criador.*

Perdão, para nós mesmos e para os outros, que nos dá acesso à graça de Deus. *Ele é Javé Raah, nosso Pastor.*

A transformação pela qual passamos; nossos relacionamentos familiares estão mais fortes. *Ele é Javé Rapha, o Deus que cura.*

A generosidade e a compaixão indescritíveis do Corpo de Cristo, sua igreja. *Ele é Javé Jiré, aquele que provê.*

Muitas outras famílias estão fazendo vigílias por seus entes queridos em hospitais do mundo inteiro, enfrentando o mesmo tipo de desafio que nós. E muitos outros estão sofrendo de formas que nem podemos imaginar. *Ele é El Roi, o Deus que vê,* mesmo no Iraque, no Sudão, no Líbano e em tantos outros lugares de angústia nos dias de hoje.

Deus pode usar as situações mais improváveis para nos revelar seu caráter e sua perspectiva. *Ele é Javé Maccadeshkem, o Senhor que santifica.*

Nada pega Deus de surpresa. *Existe* um propósito mesmo quando não conseguimos entendê-lo. *Ele é El Elion, o Deus Altíssimo.*

Nem sempre precisamos entender. *Ele é Javé Shalom, Senhor nossa paz.*

A glória do Senhor
Maio, 2007, até hoje

"Respondeu o SENHOR: 'Eu mesmo o acompanharei, e lhe darei descanso'. Então Moisés lhe declarou: 'Se não fores conosco, não nos envies' [...] E prosseguiu o SENHOR: 'Há aqui um lugar perto de mim, onde você ficará, em cima de uma rocha. Quando a minha glória passar, eu o colocarei numa fenda da rocha e o cobrirei com a minha mão'" (Êx 33:14-15, 21-22).

Em 15 de maio de 2007, Karis teve uma consulta com o ortopedista em Cleveland. As palavras dele enquanto examinava as radiografias despertaram um sorriso que não se apagou até agora: "Não vejo nenhum sinal de mais deterioração. Existe 50% de probabilidade de você não precisar de cirurgia! Vamos continuar com os medicamentos e verificar novamente antes de você voltar às aulas em agosto. Se observarmos sinais de melhora, saberemos que estamos no caminho certo".

Karis havia feito planos ambiciosos para o verão: um curso de imersão de árabe em Wisconsin. Não tinha *tempo* para uma cirurgia que exigiria de seis a oito semanas de recuperação! Que alívio e prazer não ter nenhuma operação programada para os meses seguintes e, quem sabe, nunca mais!

O sorriso de Karis se abriu ainda mais alguns dias depois, durante os exames de rotina com a equipe de transplantes em Pittsburgh. Todos os membros da equipe foram à clinica para vê-la e ficaram admirados com seu excelente estado de saúde. Karis parecia estar entrando numa nova fase de estabilidade, e o impacto positivo reverberou lentamente em toda a família. Voltei ao Brasil para redescobrir minha vida em São Paulo com meu marido.

O profeta bíblico Jeremias, um companheiro de luta, disse certa vez:

> Lembro-me da minha aflição e do meu delírio, da minha amargura e do meu pesar. Lembro-me bem disso tudo, e a minha alma desfalece dentro de mim. Todavia, lembro-me também do que pode me dar esperança. Graças ao grande amor do SENHOR é que não somos consumidos, pois as suas misericórdias são inesgotáveis. Renovam-se cada manhã; grande é a sua fidelidade!
>
> Lamentações 3:19-23

Um *e-mail* que Karis enviou ao pai no final de maio dá vida às palavras do profeta. Nessa mensagem, ela responde a algumas idéias compartilhadas por David sobre a promessa de Romanos 8:39 de que nada pode nos separar do amor de Deus. Os acontecimentos aos quais ela se refere ocorreram no primeiro semestre do último ano do ensino médio.

Papai,
Lembro-me claramente da primeira vez que me dei conta dessa verdade. Chamei-a, de forma simplista, de "nada de mau pode acontecer". Em minha mente, o único mal verdadeiramente possível era estar separada de Deus e percebi que me encontrava dentro da margem ampla do amor divino, escondida nele como a língua fica dentro da boca. Senti-me profundamente decepcionada por não poder sair e participar da vigília de oração com meus amigos. Ainda assim, resolvi orar sozinha no chão da sala de estar e fui inundada pela verdade do amor de Deus. Levantei-me e, naturalmente, dancei.

Lembro-me que, pouco tempo depois de voltar de Buenos Aires, contraí a pior septicemia até então. Tremia tanto que não conseguia pronunciar uma palavra. Queria falar de todo jeito, pois pensei que estava morrendo e desejava dizer à mamãe que não estava com medo, que nada de mau poderia acontecer.

Essa certeza é o cerne daquilo que foi abalado pelos últimos três anos. Durante um ano que parecia interminável, senti-me terrivelmente separada de Deus, com o espírito mudo e entorpecido. Para meu espanto e minha consternação, descobri que o mal poderia me tocar, como de fato tocou, segundo a definição estrita que eu havia criado para o termo "mal". Meu espírito podia ser despedaçado.

Agora, sinto a chuva mansa cair sobre meu espírito novamente e, aos poucos, estou renascendo como a fênix...

Até hoje não me lembro de ter experimentado milagre maior em minha vida: não a sobrevivência ou mesmo a saúde física, mas o fato de minha alma ser capaz de cantar outra vez e ter a certeza de que a promessa de Deus é verdadeira. Nada pode nos separar do amor de Cristo.

Com amor,
Karis

Depois que David me mostrou esse *e-mail*, pesquisei sobre a história da fênix, a ave que renasce das cinzas. Na mitologia grega, as lágrimas da fênix têm o poder de curar.

Somente tua alegria é minha força, minha força.
Toma estes ossos quebrados e cansados e faze-os dançar novamente,
Rega esta terra seca e sedenta com um rio;
Senhor, nossos olhos estão postos em ti e esperamos
Pelo teu diadema de graça ao louvarmos teu nome.[1]

---

[1] Jamie HARVILL, *Garments of Praise*, licença CCLI #799334.

Se você quiser continuar acompanhando a trajetória de vida de Karis, acesse o site *www.mundocristao.com.br/karis*

Fotos

Dave e Debbie Kornfield

Família de Karis

Família de Karis

Primeira cirurgia (1984)

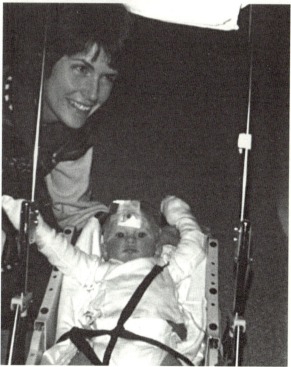

Débora e Karis (primeiro transplante, 1984)

Natal - 1984

Karis e seus irmãos

Karis com o irmão Danny

Karis com 2 anos

1988

Karis com 9 anos

Aniversário de 15 anos

1º transplante, 1ª refeição, presentes dos amigos

Karis em Pittsburgh (2004)

Estudando em Notre Dame (2004)

Karis e Débora aguardando o transplante em Pittsburgh (2004)

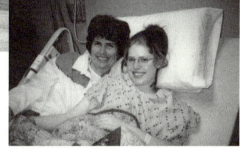

Antes do transplante (2004)

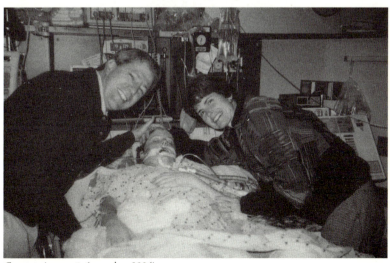

Com papai e mamãe (novembro, 2004)

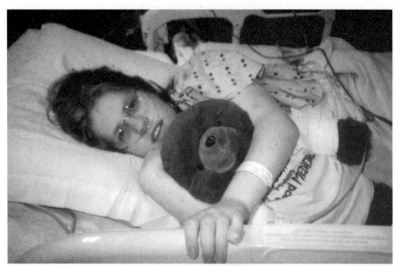

2004

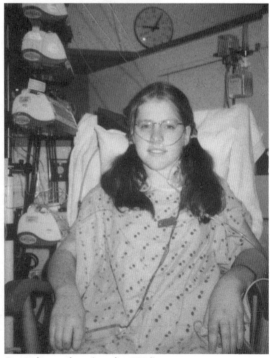

Depois do transplante (setembro, 2004)

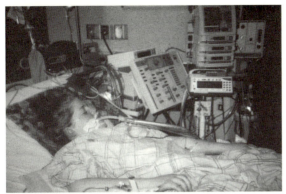
Pneumonia "Legionnaire's" (novembro, 2004)

Com amigos (atenção à sonda ao lado, 2004)

Na biblioteca do Hospital (final de outubro, 2004)

Com amigos (2005)

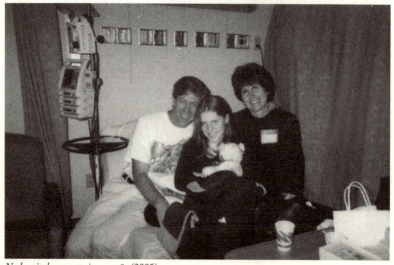
No hospital com papai e mamãe (2005)

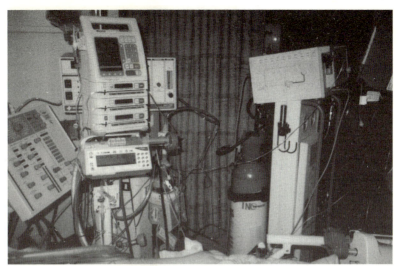
Aparelhos

Ficando mais forte (abril, 2006)

Compartilhe suas impressões de leitura escrevendo para:
opiniao-do-leitor@mundocristao.com.br
Acesse nosso *blog:* www.mundocristao.com.br/blog

Diagramação:	Globaltec Artes Gráficas
Fonte:	Adobe Garamond
Gráfica:	Imprensa da Fé
Papel:	Sp bright 70 gm² (miolo)
	Cartão royal 250 gm² (capa)